KB076267

잉여와 도구

억압된 저널리즘의 현장 MBC를 기록하다

잉여와
도구

MBC에 펼쳐진 '멋진 신세계'
그 속에서 살아온 사람들의 증언

임명현 지음

일러두기

- 인명과 부서명, 회사, 상품, 사건 등을 ○○○으로 표기했다. 동그라미 개수는 부서명이나 회사, 상품과 무관하며 인터뷰이를 보호하기 위해 구체적인 상황을 생략했다.
- 주석에서 바로 앞에 나온 동일인의 책을 인용할 때 '같은 책'이라고 했다.

1,875일에 대한 어떤 기록

다시 마음의 피를 흘리다

사람들이 돌아왔다. PD지만 PD가 아니었던 사람들, 기자지만 기자가 아니었던 사람들, 아나운서지만 아나운서가 아니었던 사람들이 돌아왔다. 회사의 명령에 의한 귀환이 아니다. 자신의 결심으로 일어서서, 자신의 발로 돌아왔다. 그토록 집요했던 배제와 추방, 격리, 강제이주의 질곡을 자신들의 손으로 끊어 냈다. 우리가 돌아갈 '신사업개발센터'니 '뉴미디어포맷개발센터'니 하는 유배지는 더 이상 없다고, 이제 우리는 본래 우리가 있어야 할 곳으로 돌아왔다고 선언했다. 2017년 8월 30일, 서울 상암동 문화방송 사옥 1층의 장면이다.

환영과 웃음과 박수도 잠시, 사람들이 울기 시작한다. 귀환한 이들과 환영하는 이들 모두가 운다. 마이크를 잡은 전 노조위원장 이근행 PD가 운다. 입사 8년차의 김민욱 기자가 운다. 발언자 뒤에 서 있던 김수진 기자도 눈물을 흘린다. 이들의 발언을 듣던 강희구 라디오PD는 안경까지 벗고 운다. 경영 부문 추민정 차장은 눈물 닦기를 포기한 것처럼 보인다. 옆에 앉은 박소희 기자가 눈물 삼키는 소리도 들린다. 쫓겨났던 양효경 기자와 남아 있던 정시내 기자가 눈물 흘리며 끌어안는다. 머지않아 해직자들이 돌아온다면 이들이 흘릴 눈물은 더 뜨겁고 짙으리라.

눈물은 마음의 피다. 육체에 상처가 나면 혈액이 흐르듯 마음에 상처가 나면 눈물이 흐른다. 상처가 깊을수록 출혈의 양이 많은 것은 육체의 피건 마음의 피건 마찬가지다. 치유 이전의 상처라면 아무리 꽁꽁 싸맨들 그것을 건드렸을 때 피가 쏟아지는 것처럼, 마음의 상처 역시 치유 이전이라면 아무리 꽁꽁 싸매도 툭 건드려지는 순간 눈물이 쏟아진다. 그래서 피눈물이라는 말이 있는 걸까? 사람들에게서 눈물이 흘러나온다. 억압당하던 시절 입은 상처를 수습하고, 어쨌든 살아가기 위해 싸매 뒀던 봉인이 해제되자 아직 회복되지 않은 그 상처에서 피가 흘러나온다. 그 상처를 입힌 자들을 향해, 그들은 이제 마지막 싸움을 시작하고 있다.

5년 전
그날

_____

페이스북에 글을 썼다. 2012년 7월 17일이었다.

파업이 끝나는 분위기다. 조합원총회에서 이변이 발생하지 않으면 170일 간의 MBC 노동조합 파업은 잠정 중단된다. 파업을 하지 않았더라면, 올 상반기 불길처럼 번졌던 KBS, YTN, 연합뉴스 등의 연대파업은 일어나지 않았을 것이다. MB정부의 언론장악을 폭로하기 어려웠을 것이다. …… 김재철은 다음 달 새로 구성될 방송문화진흥회 이사진에 의해 자연스럽게 해임될 비참한 운명에 놓이게 되었다. …… 그러나 아직은 김재철과 그 부역자들이 남아 있는 만큼 또 한 번 건곤일척의 일합이 있겠지만 자신감을 갖고 임하려 한다. 170일을 길바닥에서 싸운 사람들이 무엇을 더 두려워하랴.

　나만 갖고 있던 자신감은 아니었다. 노조도, 기자회도 파업을 정리하는 총회를 열면서 "국민에게 돌아가겠습니다"라고 선언했다. 파업투쟁의 자신감을 바탕으로 공정보도를 억압하는 그 어떤 권력과도 맞서 싸우겠다고 공개 다짐했다. 김재철 사장은 곧 해임되고, 해고자들은 곧 복직될 것이며, 징계자들도 일터로 돌아갈 수 있으리라 믿었다. 적어도 이날 상상한 5년 뒤, 2017년의 모습은 실제의 그것과는 완전히 달랐다.

순진했던 것일까? 경영진의 반격은 예상보다 훨씬 강력했다. 김재철 사장은 건재했다. 파업 종료를 선언한 그날 밤 바로 대규모 인사 발령이 났다. 50명 이상의 조합원이 용인드라마아, 신사옥건설국, 경인지사, 중부권취재센터 같은 현업 외부의 부서로 발령됐다. '발령'이라는 표현보다는 '배제', '추방', '격리' 같은 표현이 더 어울리는 조치였다. 징계자와 대기발령자들은 '신천교육대'에 소집돼 브런치 만들기와 요가 연습과 같은 교육을 받았다. 현업으로는 되돌아갈 수 없었다. 이미 그들이 쫓겨난 자리에는 시용기자, 경력기자라는 이름의 인력들이 들어와 있었다. 끝을 알 수 없는 유랑이 시작됐다.

운 좋게 칼날을 피했던 이들도 마찬가지였다. 궤도를 이탈한 저널리즘과 인사 정책에 항의하며 고개를 드는 순간 징계가 날아왔다. 해고와 정직 같은 고강도 징계를 권력은 좀처럼 망설이지 않는 모습이었다. 맞고 쓰러진 동료를 본 남아 있는 이들은 몸을 움츠렸다. 시끌시끌했던 공간은 점차 조용해져 갔다.

단순한 복수가
아니었다

전쟁에서 패배한 병사가 수용소에서 모욕을 겪는 건 어쩔 수 없다고 생각하기도 했다. 그런데 시간이 흐를수록 점점 어떤 기이함을 느꼈다. 아무리 시간이 흘러도 이 상황이 바뀌지 않는 것이었다. 2차 세계대전에서 승전한 뒤 일본군 포로를 시베리아의 유형지로 끌고 간 소련군도 몇 년 후에 포로들을 석방했다. 심지어 실정법을 위반해 처벌을 받고 감옥에 격리된 죄수도 일정한 양형 기간이 지나면 사회로 돌아온다. 그런데 이것은 노사 관계의 문제였다. 노조의 파업은 법원에 의해 계속해서 '합법'이었음을 인정받고 있었다. 해고와 정직 등 파업 당시 경영진이 가한 징계 역시 '무효'임이 인정되고 있었다. 보복을 하고 싶어도 보복을 하면 안 되는 것이었다.

그런데도 권력은 그와 같은 인사정책을 지속적으로 확대 강화했다. 이 책에 자세히 썼지만 경영진을 비판하는 웹툰을 SNS에 올린 예능 PD를 해고했고, 국정원 대선 개입 사건을 취재하려 한 기자, 세월호 보도 참사에 항의하던 기자들을 징계하거나 방출했다. 이름도 생소한 부서를 대거 신설해 권력에 저항적이라고 분류한 사람들을 대거 배치했다. 이름은 거창했지만 본질은 유배지였다. 한 번 쫓겨나면 다시 돌아올 수 없었다.

권력은 채찍만이 아니라 당근도 적절하게 제공했다. 체제에 순응하고 적극적으로 충성, 협력한다면 단순히 살아남는 수준이 아니라 이 체제 내에서 출세할 수 있었다. 영전할 수 있었다. 시간이 흐르면서 조금씩 권력과 거래하고 그들의 포섭을 수용하는 이들이 생겨났다. 함께 싸웠던 사람들의 거리는 조금씩 벌어졌다. 단순했던 전선이 복잡해지기 시작했다. 누가 상대인지는 여전히 선명했지만 누가 동지인지가 점차 불분명해졌다.

이것은 2012년 이전의 MBC에선 존재하지도 않았고 발견할 수도 없었던 새로운 현실이었다. 권력은 단순히 보복과 응징의 수준을 넘어 새로운 통치의 판을 짜고 있는 것처럼 보였다. 그쯤 되자 나는 나와 우리의 상황을 설명할 새로운 개념이 필요하다고 생각했다. 그렇지 않으면 내가 왜 여기서 이렇게 살아가고 있는지에 대한 답을 찾을 수 없을 것 같았다.

저항하지 않는
나

나는 그 무렵 만난 한 지인에게 "고문 피해자를 보는 것 같다"라는 말을 들었다. 다른 언론사의 기자인 지인은 이전에 고문 피해자를 만나 취재한 적이 있는데, 내가 보이는 모습이 언뜻 그 고문 피해자와 비슷하다는 것이었다. 분명 하고 싶은 말이 있음에도 자신의 상황에 대해 말하기를 주저하고, 조심스러워하고, 계속 주변에 누가 있는지 두리번거리더라는 것이다. 한마디 하고 두리번, 또 한마디 하고 두리번……. 그래서 눈물이 날 것 같았다고 했다.

그때부터였던 것 같다. 파업 이후 MBC에서 벌어진 일들이 나 자신을 어떻게 변화시켰는지 궁금해지기 시작한 것 말이다. 그리고 그 궁금증은 전부터 품고 있던 또다른 의문과 맞닿아 있었다.

"MBC 뉴스의 정권 종속화가 갈수록 심화되고, 동료들을 향한 경영진의 탄압이 갈수록 강해지는데, 나는 왜 저항하지 않는가?"

현 상황이 문제라고 판단한다면 그 상황을 초래한 체제를 극복하기 위해 거세게 저항해야 할 터였지만 난 그러지 않았다. 저널리즘 실천 자체가 중요하다고 생각한다면 현 소속에 얽매일 게 아니라 기자로서 일할 수 있는 다른 공간을 찾아 취재 현장으로 가야 했지만 그역시 하지 않았다. 언제부터인가 문제 있는 현실을 수용하고 꾸역꾸역 살아가면서 혹시 또 다른 피해를 입을까 봐 두리번거리고 있었다. 이런 내 모습에 나조차 설득되기 어려웠다. 한때는 "170일을 길바닥에서 싸운 사람들이 무엇을 더 두려워하랴"라고 썼던 내가 아닌가? 그러나 '두리번거리는' 지금의 나를 바꾸는 것은 더욱 어려웠다. 결국 물음에 답해야 했다.

"나는 왜 이러는가? 2012년 파업 이후, 나라는 주체는 어떻게 변화되었는가?"

1,875일에 대한
기록

　외면하기엔 내 삶에서 너무 중요한 질문이었다. 답을 찾아봐야 했다. 마침 2015년부터 성공회대학교 문화대학원에서 학업을 병행하게 되었다. 당시의 내겐 저항 대신 선택한 실천이었다. 그런데 성공회대에서의 생활은 파업 이후 눌려 있던 나의 마음 상태를 기대 이상으로 회복시켰으며, 힘겹게만 느껴졌던 그 물음을 한 발짝 물러서서 응시할 수 있을 정도의 힘을 선물해 주었다. 도전해 보기로 했다.

　스스로에게만 물어서는 명료한 답을 얻기 어려웠다. 그래서 동료 기자 22명을 만나 심층 인터뷰 형식의 면접조사를 했다. 공교롭게도 최순실 국정농단 사태가 터지기 전, 희망을 찾기가 쉽지 않던 시기에 그들의 마음속 이야기들을 듣고 관찰했다. 그런 작업의 결과물은 올해 초 「2012년 파업 이후 공영방송 기자들의 주체성 재구성에 관한 연구: MBC 사례를 중심으로」라는 제목의 석사 학위 논문(성공회대학교 문화대학원)으로 발표됐다. 이 책은 이 논문을 뼈대로 하고 있다.

　논문 발표 후 큰 변화가 일어났다. '최순실 게이트'의 후폭풍으로 박근혜 대통령이 탄핵되기에 이르렀고, 초유의 대선 보궐선거가 치러져 정권이 교체됐다. 촛불 민심이 시대를 바꾼 것이다. 최순실 게이트와 탄핵, 조기 대선이라는 국면을 반영할 필요성이 있었다. 이에 따라 추가 인터뷰 작업을 거친 뒤 글을 전반적으로 새롭게 썼다.

기본적으로 이 책은 지난 1,875일간의 MBC에 대한 어떤 기록이다. 2012년 7월 17일 파업을 종료하고, 2017년 9월 4일 새로운 파업이 시작되기까지 걸린 시간이다. 싸우다 패배한 사람들이 다시 마음을 모아 문제적 체제를 향해 저항의 깃발을 드는 데 걸린 시간이다. 그 짧지 않은 시간 동안 MBC라는 장(場, field)에서 벌어진 권력의 통치와 식민화의 특징, 그리고 그 통치를 접한 주체들의 '저항' 및 '대응'의 전략을 거칠게나마 탐색했다. 다시 일어서기까지 왜 이렇게 긴 시간이 걸려야 했는지, 그동안 MBC의 추락을 지켜보면서도 왜 가만히 있는 것처럼 보였는지 묻고 듣고 분석했다. 전체적으로 제3자적 시각에서 객관적 서술 태도를 유지하기 위해 노력했지만 군데군데에선 자전적인 자기기술지(autoethnography)적 글쓰기도 병행했다.

'징징대지 마' 시대의
글쓰기

이 글을 쓰면서 어려웠던 점을 미리 고백해 두고자 한다. 내가 접촉한 MBC 기자들이 지난 시간 정신적으로 힘들었던 것은 사실이다. 심층 인터뷰를 위해 만난 동료 기자 상당수가 정신과 진료를 받은 경험이 있었고 인터뷰 시점에도 약을 복용하는 이들이 있었다.

그러나 어디 MBC 사람들만 힘든 시대였던가? 힘든 이들이 너무 많은 시대였다. 세월호 유족, 용산참사 유족, 쌍용차 노조원, 밀양과 강정 마을의 주민들, 역대급 청년 실업률에 신음하는 청년들, 영세 자영업자와 소상공인, 불안정한 노동환경의 비정규직……. 나는 이런 시대에 'MBC 문제가 심각하니 관심을 가져 달라'고 사회를 향해 말을 건네는 게 다소 민망하게 느껴지기도 했다. 최태섭(2013)의 관찰처럼, 지금은 이른바 "어차피 다 힘들어. 너만 징징대지 마"의 시대 아닌가? 이 책에서 드러나는 MBC 주체들의 마음가짐이 공감을 얻을 수 있을까? 또 공영방송이 아니더라도 JTBC와 뉴스타파, SNS, 팟캐스트 등을 통해 정보 갈증을 채울 수 있는 사람들에게 어떻게 우리의 문제를 이야기해야 할까?

결국 나는 동시대 한국 사회에서 발생하는 문제들을 드러내 보이는 하나의 장(field)으로서 MBC의 문제에 접근할 필요가 있다는 생각을 했다. 동시대의 특정 권력(MBC 경영진)의 통치 전략과 그에 대한 주체(기자들)의 대응 전략이, 우리가 살아가는 이 시대 전반의 어떤 특징을 나타내는 '징후'로 읽힐 수 있도록 글을 쓴다면 비로소 독자들이 MBC의 양상과 문제들을 자신의 삶에 적용해 들여다보지 않을까. 저항하던 주체들의 패배, 권력의 강력한 반격, 포섭과 배제 그리고 격리, 그 가운데에서 주체들이 보이는 실천의 다양한 양상이라는 문제가 비단 MBC라는 장에만 해당되는 것은 아닐 터이기 때문이다.

한 권의 책이 나오기까지 이렇게 많은 분의 도움과 수고가 필요하다는 사실을 이제야 알았다. 먼저 심층 인터뷰에 응해 주신 27분의

MBC 동료 기자들께 진심으로 감사드린다. 그분들이 기꺼이 마음을 열고 자신의 삶을 나눠 주지 않았더라면 이 책은 나올 수 없었다. 또 지난 5년의 세월을 함께 버텨 내며 서로 힘이 되어 준 MBC의 동료, 선후배들께 감사의 마음을 전한다. 공영방송 정상화를 위해 아직 갈 길이 남아 있으니 조금 더 힘내자고 감히 말씀드리고 싶다. 그 길에서 묵묵히 수고하고 계신 김연국 위원장과 도건협 수석부위원장, 전성관, 김유호, 허유신, 장준성, 이중각, 남상호 등 MBC 노조 집행부에 깊이 감사드린다. 해직의 아픔 속에서도 한결같이 삶의 모범을 보여 주신 이용마 기자, 박성호 기자, 정영하 감독, 강지웅 PD, 최승호 PD, 박성제 기자 등 여섯 분의 선배들께 감사드리며 조속하고 명예로운 복직을 기원해 마지않는다. 특히 병마와 싸우고 있는 이용마 선배의 쾌유를 믿는다. 기도할수록 하느님께서 마침내 그를 쓰실 거라는 믿음이 확고해진다.

이 주제에 천착하고 논문에 이어 책까지 낼 수 있도록 지원과 격려를 아끼지 않으신 성공회대학교 김창남 선생님과 유선영, 김용호, 조은기, 채석진, 권혁태 선생님, 그리고 대안적인 삶을 함께 기획한 항동 예술단을 비롯 문화대학원 도반들께 진심으로 감사드린다. 불안정하던 30대 후반의 어느 날들을 성공회대에서 보내기로 했던 결심은 참으로 올바른 것이었다. 새로운 지형 속에서 지도와 관심을 보내 주시는 연세대학교 윤태진, 이상길 선생님, 어려운 상황 속에서 출판을 결심해주신 천정한 대표님, 원고를 꼼꼼히 살펴준 문형숙 에디터님의 수고 또한 잊지 못할 것이다.

삶의 동반자로서 늘 깊고 맑은 시선으로 나의 생각을 독해해 주는 김준희와, 언제나 그 자리에서 기도와 응원을 보내 주시는 임두만, 조용례 두 분께 무한한 감사를 보낸다. 민주와 주원의 세대에겐 '잉여와 도구의 시대'를 물려주지 않도록 열심히 살아가야겠다고 다짐한다.

1장

MBC에서
무슨 일이?

이 책은 질문을 하나 던지고 있다.
"MBC 구성원들의 저항이 왜 소멸
되다시피 했는가?"
이 질문에 접근하기 위해서는 MBC
구성원들이 지난 2012년 파업 이
후 어떤 모습으로 변화되었는지를
규명할 필요가 있다. 이 책에서는
MBC 구성원 가운데 뉴스 등 보도
프로그램 생산을 담당하고 있는
저널리스트와 그들의 조직에 주목
했다.
이 장에서는 우선 그들에게 무슨
일이 일어났는지 점검했다. 2012년
파업 이후 MBC 저널리스트들이
경험한 핵심적 사건들, 즉 경영진이
수행한 '비인격적 인사관리'의 세부
내용과 특징을 살펴봤다.

MBC는
왜?

　10년 전쯤에 나는 스포츠취재부 소속 기자였다. 축구 국가대표팀 경기를 취재하러 중동 지역으로 해외출장을 떠나야 했다. 준비를 마치고 인천공항으로 향하는 취재 차량에 올랐다. 막 올림픽대로에 진입했을 때였을까. 어떤 생각이 번개같이 머릿속을 스치고 지나가 가방 속을 뒤졌다. MBC 로고가 새겨진 '마이크 태그(tag)'를 챙겼던가? 아차! 역시 없었다. 부랴부랴 차량을 돌려 회사에 가서 마이크 태그를 챙기고 가슴을 쓸어내린 기억이 생생하다. 가던 길에 생각이 나서 다행이었다. 만약 공항에서 생각났다면, 아니 중동 현지에서 알아차렸다면 어찌했을까. 등골이 서늘해졌다.

　언론사 해외출장 취재에는 경비가 많이 든다. 항공료와 체재비 때문이다. 하물며 방송사는 취재기자와 카메라기자 그리고 카메라기자를 보조하는 FD의 비용까지 지원해야 하므로 부담이 훨씬 더하다. 그래서 방송사들이 비용을 절감하기 위해 '풀(pool)'을 구성하는 경우가 종종 있다. 방송사마다 카메라기자를 보내 각각 영상을 촬영하는 대신, 카메라기자 1명을 대표로 보내 영상을 촬영하고 그 자료를 방송사들이 공유하는 방식이다.

축구 국가대표팀 해외 원정경기의 경우 취재 내용이 비교적 단순했다. 경기 전 훈련 및 인터뷰, 경기 내용, 경기 후 인터뷰가 전부이며 모든 일정이 공동 취재다. 이렇게 특종 경쟁의 부담이 없기 때문에 방송사들이 풀을 구성하는 경우가 많았다.

당시 내가 떠난 출장 역시 지상파 3사가 구성한 풀 취재였다. 나는 촬영 장비에 신경 쓸 필요가 없었다. 그 대신 하나는 꼭 챙겨야 했다. 촬영을 다른 회사의 카메라기자가 맡았기 때문에 마이크에 끼우는 MBC 로고의 태그가 있어야 했다. 만약 그게 없다면 함께 출장을 간 타사 동료 기자들은 각각 KBS와 SBS 태그가 부착된 마이크를 붙잡고 리포트를 할 텐데 나는 맨 상태의 마이크로 할 수밖에 없지 않은가. 시청자들은 눈여겨보지 않을지도 모르지만 회사를 대표해 리포팅을 하는 입장에서는 매우 민감한 문제다. 등골이 서늘할 수밖에 없던 이유다.

"누구 하나 지적하는
사람이 없었다"

2016년 11월 12일, '최순실 국정농단'에 분노하며 광화문 광장을 가득 채운 시민들의 촛불집회 현장을 취재하던 MBC 기자는 태그를 달지 않은 채 현장 중계 보도를 했다. 기자의 마이크 태그뿐이 아니었다. 이날 MBC 로고는 모두 가려졌다. 해당 기자를 촬영하던 카메라에서도 회사 로고가 새겨진 스티커를 떼었다. MBC 로고가 붙어 있는 중계차도 없었으며 대신 소속을 알 수 없는 미니 밴이 한 대 있었다고 한다.

며칠 뒤 전국언론노조 문화방송본부가 발행한 노보에 의하면, 보도국은 애초부터 이날 집회에 중계차가 진입하기 어렵다고 판단하고 취재진의 안전을 고려해 이런 조치를 취했다고 한다. 당시 고(故) 백남기 농민의 영결식을 비롯해 일련의 유사한 집회에서 MBC 중계차가 시민들에게 거센 항의를 받고 철수하는 일이 발생했기 때문이다.

당시 주말 〈뉴스데스크〉를 담당한 한 기자는 사내 게시판에 올린 글에서 참담한 심경을 밝혔다.

평소 'MBC NEWS' 마이크 태그가 비뚤어지기만 해도 바로잡으라고 알려주는데, 태그를 아예 달지 않고 있어도 뉴스센터에서 누구 하나 지적하는 사람이 없었다. 부끄러운 게 아니라 쪽팔려서

뉴스센터에서 뉴스를 진행하는 내내 눈물이 났다.[1]

2주 뒤에도 상황은 변하지 않았다. 11월 26일, 2주 전과 마찬가지로 집회 주최 측 추산 100만 명에 가까운 시민들이 광화문 일대에 모였는데 이날 집회 현장에서도 MBC 마이크를 들고 중계 보도에 나선 기자는 찾아보기 어려웠다. 이날 MBC 기자는 경복궁역 근처의 한 건물 4층, 바깥이 보이는 좁은 창문이 있는 복도에 서서 현장 보도를 했다.[2] 2주 전과 유사한 이유로 짐작해도 무리는 아닐 것이다.

최순실 국정농단 규탄 집회 현장을 취재하던 기자들은 적지 않은 수난과 정서적 고충을 겪었다. 올해 초에 곽동건, 이덕영, 전예지 기자는 유튜브에 'MBC 막내기자의 반성문'이라는 제목의 영상을 공개했는데, 영상은 지난해 촛불집회 당시 MBC 중계차가 시민들로 둘러싸여 있고, 중계차 위에서 방송을 준비하던 기자가 시민들에게 "엠병신! 엠병신!"이라는 말을 듣는 장면으로 시작한다. 영상 제작에 참여한 곽동건 기자 본인이었는데, 영상에서 곽 기자는 "취재 현장에서 '짖어봐'라고 하시는 분도, '부끄럽지 않느냐'고 호통을 치는 분들도 있어서 고개를 들고 다닐 수가 없다"라고 고백했다.

---

1   미디어오늘, 2016.11.17, "MBC 로고 떼고 집회 중계, 쪽팔려서 눈물이 났다", http://www.mediatoday.co.kr/?mod=news&act=articleView&idxno=133381
2   기자협회보, 2016.11.29, "MBC는 왜 건물에 숨어 방송해야 했나?", http://www.journalist.or.kr/news/article.html?no=40477

사회부 기자 시절 나도 유사한 경험을 한 적이 있다. 2004년에서 2005년 정도의 시절이다. 당시 어버이연합과 같은 보수단체의 집회를 취재하러 가면 나와 카메라기자는 집회 참가자들에게 거센 항의와 욕설을 들었다. 좌빨 방송 정도의 비난은 흔했다. 일부 참가자에게 해코지 등 물리적 위협을 받기도 했다. 기자인 만큼 취재 현장을 가리지 말아야 하겠지만, 보수단체, 특히 어버이연합 같은 극우 보수단체의 동정을 취재하라는 지시는 솔직히 반갑지 않았다. 그런데 10여 년 만에 MBC 로고의 마이크를 든 기자가 정반대 상황에 놓인 것이다.

나는 민주주의 사회에서 언론이 평상시의 보도·편집 기조를 이유로 집회 현장에서 평화로운 취재를 보장받지 못하고 물리적 위해나 압박을 받는 것은 적절하지 않다고 생각한다. 만약 당시 JTBC 기자가 태극기 집회를 취재하러 갔다면 상당한 위해를 느끼지 않았을까? 실제로 탄핵 인용(認容) 전후로 헌법재판소와 삼성동 박근혜 전 대통령 자택 부근에서 취재하던 기자들이 일부 박 전 대통령 지지자들에게 폭행당하는 사건이 여러 차례 발생했다.

그러나 최순실 국정농단 촛불집회 현장에서 MBC 취재진이 겪은 수난은 이런 사례와는 본질적으로 다르다. 단순히 그동안 MBC의 보도가 진보 경향에서 보수 경향으로 이동한 데서 파생된 문제가 아니기 때문이다. 만약 그 때문이라면 세간에서 보수 매체로 분류되는 조·중·동이나 TV조선, 채널A 같은 종합편성채널의 기자들 역시 촛불집회 참가자들에게 유사한 반응을 겪었어야 하는데 딱히 그러했다는 이야기가 없다. 단순히 보도 기조가 '진보냐 보수냐'를 넘어 MBC의 보도는 시민들에게 근본적인 신뢰를 잃은 것 아닐까?

게다가 어버이연합이나 태극기 집회와 결합한 민심은 그다지 컸다고 보기 어렵다. 그러나 광화문 촛불집회로 대변되는 탄핵 민심은 훨씬 넓고 깊었다. 최순실 국정농단 사건 초기부터 박근혜 대통령의 탄핵에 찬성하는 여론은 내내 80퍼센트 안팎을 웃돌았으며, 집회에 참석한 연인원은 1000만 명을 넘어섰다. 탄핵안 가결에서도 재적 국회의원 가운데 80퍼센트에 육박하는 비율이 찬성했으며, 헌법재판소 재판관들은 8 대 0 만장일치로 탄핵안을 인용했다. 이것을 '사회적 합의'라고 부르지 못하면 무엇이 사회적 합의라고 할 수 있을까? 이런 민심에 외면받았다면, 즉 집회 참가자들에게 외면당하고 조롱당한 것은 물론이고 실제로 최순실 국정농단 사건 보도 내내 메인 뉴스 시청률이 3~4퍼센트대의 극심한 부진을 겪었다면, MBC의 보도는 시민들에게 신뢰를 잃었다고 판단하는 것이 합리적이다.

그렇다면 MBC의 최순실 국정농단 보도에는 무슨 문제가 있었을까? 잘 알려져 있다시피 이 사건은 최순실 씨가 추천한 인사가 이사장으로 있던 K스포츠 재단과 미르 재단이 재벌 대기업들에서 수백억 원을 강제 모금했다는 「한겨레」의 2016년 9월 보도가 신호탄이었다. 한 달 뒤인 10월 24일, 최순실 씨의 태블릿 PC를 입수한 JTBC가 최 씨가 박근혜 대통령의 연설문 다수를 수정하는 등 국정에 적극 개입한 사실을 보도하면서 파문은 걷잡을 수 없이 커졌다.

공영방송 MBC는 이 사건의 취재와 보도에 매우 소극적인 모습을 보였다. 「한겨레」 보도 이후 거의 모든 언론이 취재 경쟁에 돌입한 상황에서도 정치권 공방을 단순 중계하는 형식의 수동적 보도로 일관한 것이다. 최순실 국정농단 의혹, 최순실의 딸 정유라 특혜 입학 의혹 전말에 대한 상세한 보도나 자체 취재는 거의 찾아볼 수 없었다. 그렇게 한 달여를 끈 MBC는 JTBC의 특종 보도, 또 박근혜 대통령의 대국민 사과 이후에야 뒤늦게 자체 특별취재팀을 꾸려 취재에 나섰다.

당시 MBC 내부 게시판에 올라온 한 기자의 글에서 보도국 분위기의 일단을 알 수 있다. 최순실 특별취재팀에서 일했다는 기자는 JTBC의 연설문 특종이 터진 지 엿새째 되던 날에야 비로소 취재에 착수했다고 한다. '가진 게 하나도 없어서' 최순실의 집과 회의 장소, 오피스텔 등부터 촬영했고, "왜 이제 오느냐" "그만 좀 물어봐라. 대답하기 귀찮다" 같은 취재원들의 짜증 섞인 반응을 접했다고 한다. 정보의 열쇠를 쥔 사람은 모두 숨었고 간신히 접촉해도 입을 꾹 다물었으며, 겨우 찾아온 제보자마저 "MBC는 대통령과 관련된 거면 방송이 안 나가는데 괜찮나요?"라고 물었다고 한다.[3] 이런 와중에서도 특별취재팀은 차은택 씨의 모태펀드 개입 의혹을 특종 취재하는 등 몇 차례 개가를 올렸지만, MBC 경영진은 한 달도 안 돼 팀을 해체했다.[4]

---

3 기자협회보, 2016.11.29, "MBC는 도대체 어떤 언론사인가", http://www.journalist.or.kr/news/article.html?no=40487

그 배경에는 MBC 보도를 진두지휘하던 김장겸 보도본부장과 MBC 경영을 관리, 감독하는 고영주 이사장의 협애하고 극우 편향적인 인식이 작용했다고 볼 수 있다. 실제로 최근 개봉한 영화 〈공범자들〉에서 고 이사장은 최순실 게이트 보도의 문제점을 묻는 최승호 감독을 향해 "애국시민에겐 지금 MBC밖에 없다는 이야기 안 들리세요?", "(탄핵 찬성 여론이 압도적이라는) 그런 엉터리 여론조사를 우리보고 믿으라고 하면 안 되죠"라며 상식에서 한참 엇나간 현실 인식을 드러냈다. 김장겸 본부장 역시 MBC의 최순실 게이트 보도를 '저널리즘 원칙에 맞게 중심을 잡은 보도'라고 인식하고 있는 것으로 알려져 있다.

이런 인식과 관행 속에서 생산되는 뉴스가 가뜩이나 높아진 시청자들의 눈높이를 맞출 리 만무하지 않은가? 박근혜 대통령의 대국민 사과 이전까지 미르 재단과 K스포츠 재단이 뭘 하는 곳인지는 물론이고 최순실이라는 이름 석 자조차 제대로 언급하지 않던 뉴스, 국정농단 의혹의 실체에 대한 자체 취재는 부실하면서 태블릿 PC 유출 경위와 같은 파편에 집착하는 뉴스, 광화문 광장에 헌정 사상 최대 인파가 몰리고 종합편성채널조차 반나절 이상 생중계하는데도 이를 리포트 5~6개 정도로 보도하고 끝내는 뉴스[5]가 요즘 시청자들의 정보 갈증을 해소하고 신뢰를 얻기란 어려운 일이다.

---

4 기자협회보, 2016.11.29, "최순실 대신 엘시티? MBC '특별취재팀' 해체", http://www.journalist.or.kr/news/article.html?no=40445

5 기자협회보, 2017.2.8, "MBC 파탄 공범들, 사장 응모 · 선임 자격 없다", http://www.journalist.or.kr/news/article.html?no=41003

주저하는
저널리스트

   최순실 국정농단 보도만이 문제가 아니다. 거슬러 올라가면 이명박 정부가 등장한 2008년 이후 한국 언론, 특히 MBC와 KBS 등 공영방송의 정권 종속화가 점차 심화되면서 보도의 자율성과 독립성이 상당 부분 위축되고 있다는 문제가 지속적으로 제기되었다.[6] 실례로 4대강 사업, 한·미 FTA, 이명박 대통령의 내곡동 사저 의혹, 국정원의 대선 개입 및 간첩 조작 의혹, 세월호 참사, 국정 역사 교과서 등 이명박-박근혜 정권을 관통하는 일련의 핵심 이슈에 대해 MBC의 성역 없는 진실 추구, 비판 보도 노력은 자취를 감추다시피 했다.

   이런 상황을 보고 겪으면서 나는 의아해졌다. 어떻게 이런 현실이 변화하지 않고 계속해서 확대 재생산될 수 있을까? MBC는 민주화 이후 일각에서 '노영(勞營) 방송'이라고 비판할 정도로 노동조합의 영향력이 막강했으며, 황우석 교수의 논문 조작 스캔들 보도 등에서 드러났듯 제작 자율성이 탄탄하게 보장되던 언론사였는데 말이다. 그랬던 MBC가 어떻게 이토록 금세 180도 모습이 달라졌으며, 또 어떻게 이 모습이 계속 유지되고 재생산되는 것일까?

---

6 김연식, 2014, "방송저널리스트의 방송 통제요인 인식 변화 연구: 2008년과 2013년의 비교를 중심으로", 『한국언론학보』 58(1): 283-305면.
심훈, 2014, "한국 공영방송의 공정 보도에 대한 인식 평가: 공정보도 계측을 위한 모델 구축 및 전문가 대상 설문조사", 『한국언론정보학보』, 2014 Vol.66, 110-132면.

공영방송의 독립성 위기를 진단할 때 흔히 '정권에 취약한 지배 구조의 한계'가 언급된다. 기본적으로 KBS 이사회와 방송문화진흥회 같은 공영방송 이사회를 정부 여당의 추천 이사들이 수적으로 장악하고 있다 보니, 이들에 의해 선임된 사장 등 경영진이 정부 여당의 권력을 의식하며 내부 통제를 강화하고 있기 때문이라는 논리다.7

매우 중요하며 본질적인 문제다. 그럼에도 공영방송의 위기에 대한 논의가 이 지점에서만 맴도는 것은 다소 공허하다고 생각한다. 위기에 빠진 공영방송 문제를 논하기 위해서는 반드시 공영방송 내부 구성원들의 저항적 실천이 소멸되다시피 했던 상황을 먼저 분석해야 한다. 정권에 취약한 지배 구조라는 한계가 마찬가지였지만 구성원들이 열심히 저항하고 자신들의 전문적 윤리를 지키기 위해 노력하던 시절에는 그래도 MBC의 보도가 이 정도로 신뢰를 잃었다고 평가받는 수준은 아니었기 때문이다.

대통령이 탄핵되고 정권이 교체된 뒤에도 공영방속의 실망스러운 저널리즘은 계속되고 있다. 실례로 방송기자연합회가 격월로 발간하는 잡지 「방송기자」 편집위원회는 최근 탄핵과 대선 국면에서 공영방송이 어떻게 보도했는지 모니터했는데, 결과의 요지는 '기계적 균형조차 상실한 구(舊) 여권 편향 보도'를 통해 '극우·수구의 대변인' 역할을 했다는 비판이었다.8 최순실 국정농단 사건에 대한 보도가 많은

---

7 경향신문, 2016.7.1, "[위기의 공영방송] 사장 임명은 청와대 입맛대로.. 방송 편성은 사장 마음대로", http://news.khan.co.kr/kh_news/khan_art_view.html?artid=201607012244005&code=940100

비판을 받았음에도 공영방송은 바뀌지 않은 것이다.

왜 공영방송에서 위기가 계속되고 있을까? 결국 이 문제는 공영방송의 종사자들, 특히 '뉴스와 시사 프로그램'을 생산하는 저널리스트들을 향할 수밖에 없다. 현재 이들은 어떤 조건에서 저널리즘을 실천하고 있을까? 이들의 저항적 실천은 어떤 지점에서 좌절되고 있을까?

돌이켜 보면 MBC에서 분기점은 2012년 발생한 '170일 파업'이었던 것 같다. 그 이전까지는 정치권력과 경영진이 제작의 자율성과 독립성을 침해하려고 기획하면 구성원들은 저항적 실천을 그에 '비례하는' 강도로 보여주었다. 실제로 MBC 구성원 대다수가 가입한 노동조합인 전국언론노조 문화방송본부는 이명박 정부 시절 다섯 차례나 총파업을 벌였다. 총파업 기간을 모두 합하면 220일을 훌쩍 넘을 정도다. 또 MBC 기자들의 직능 조직인 MBC 기자협회도 2009년과 2012년 두 차례 보도책임자 퇴진을 촉구하며 제작 거부를 진행했다.

그러나 2012년 파업 이후 노조의 영향력은 급감했고 구성원들의 저항적 실천도 점차 소멸되었다. 결코 파업의 성과로 MBC의 제작 자율성이 개선되어서가 아니다. 상황은 오히려 그 반대다. 제작 현장의 자율성은 파업 이전보다 계속 악화되었으며, 파업 전에는 발생하지 않은 해고나 강제 직종 전환 등 인사적 압력도 훨씬 강도가 높아졌다.

---

8   방송기자, 2017년 3·4월호. "특집–살려야 한다④) 탄핵 보도, 기계적 균형조차 상실", http://reportplus.kr/?p=19656

그런데 이렇게 공영방송의 자율성과 독립성이 악화되는 상황에서 저널리스트들의 저항적 실천은 증가하지 않고 오히려 약화되는 경향이 확인되고 있다. '비례 관계'였던 경영진의 압박과 구성원의 저항이 파업 이후 어느 순간부터인가 '반비례 관계'로 변질된 것이다.

나는 이런 상황을 분석하기 위해 2012년 파업 이후 MBC라는 시공간적 조건에서 뉴스 생산의 주체인 기자들이 겪은 경험과 그것이 그들에게 일으킨 변화에 주목했다. 특히 2012년 파업 이후 MBC 경영진이 노동 통제 전략으로 새롭게 도입·수행한 대규모 징계와 직종 전환, 대체 인력 선발 등 일련의 '비인격적 인사관리(abusive HR)'에 주목했다. 이런 조치는 2012년 이전의 MBC에 존재하지 않았기 때문이다. 이 조치를 공통적으로 경험한 MBC 기자들이 어떻게 자신들을 변화시켜 갔는지, 또 그런 변화가 어떤 결과를 불러왔는지 탐구했다.

최장기 파업의 끝은
빈손?

5년 전인 2012년 7월 17일, 장장 170일을 끌어온 전국언론노조 문화방송본부의 총파업이 종료되었다. 기존의 최장기 기록인 52일을 몇 배 훌쩍 넘어선, 문화방송 노조 역사상 최장기 파업이었지만 그 의미가 무색하게도 손에 쥔 것은 없었다.

파업 참가자들은 당시에는 인정할 수 없었지만 시간이 흐를수록 자신들의 패배를 인정하게 되었다. 「시사IN」의 장일호 기자는 올해 초 MBC 문제를 심층 취재한 기사를 통해 파업 종료 이후 구성원들이 느낀 상실감을 다음과 같이 보도했다.[9]

실패한 파업의 후폭풍은 컸다. 파업 지도부 대부분이 해직됐다. 조합원들도 모래알처럼 흩어졌다. 조합원들은 '우리는 왜 졌을까'

자주 생각한다. 전원이 실려 나갈 때까지 단식을 했더라면 어땠을
까. 전국 곳곳 송전탑마다 올라갔다면 결과가 달랐을까. 그런 부
질없는 생각을 한다. 약속을 잡을 때면 홍대입구역 9번 출구나 강
남역 10번 출구 쪽은 일부러 피한다. 동료들과 함께 시민들에게
서명을 받고 길거리 선전전을 했던 곳이다. 어쩔 수 없이 지날 때
면 그날 그 거리, 무수한 사람들의 응원과 그만큼의 냉소, 그리고
무더위의 기억이 한데 엉켜 우울로 덮쳐온다.

고백하자면 장 기자를 만나 이 이야기를 했던 사람은 나다. 장 기자
가 다른 MBC 구성원들에게서도 비슷한 이야기를 들었는지는 모르겠
지만 당시 익명을 전제로 했던 인터뷰에서 내가 송전탑과 강남역, 홍
대입구역을 언급한 것은 분명하다.

2014년 4월 현 부서인 뉴스QC 팀으로 발령 난 후 나는 한동안 무
엇을 해야 할지 알 수 없었다. 세상은 세월호 참사라는 비극을 겪고
있었고 그 사건은 내가 기자 생활을 시작한 이래 가장 큰 뉴스임이 분
명했다. 하지만 당시 MBC 기자로서 내가 할 수 있는 일은 전혀 없었
다. 저널리즘의 궤도에서 극도로 이탈해 가는 MBC 뉴스에 브레이크
를 걸 힘도 없었다.

무기력함과 상실감을 극복하기 위해 뭐라도 해야 했다. 결국 아침

---

9 시사in, 2017.4.5, "방송 농단도 바로잡을 수 있을까", http://www.sisain.co.kr/?mod=news&act
=articleView&idxno=28750

잉여와 도구

마다 강남역의 어학원을 다녔다. 목적도 없이 영어 공부를 했고 일본어능력시험을 준비했다. 수업이 끝나면 출근을 위해 버스를 타야 했는데, 그 버스를 타기 위해서는 강남대로를 가로지르는 건널목을 건너야 했다. 바로 그곳이었다. 파스쿠치 카페 앞, 신논현역 사거리 버스정류장으로 가는 횡단보도. 2012년, 파업을 하던 우리가 목청을 높여 시민들에게 서명을 호소하고 유인물을 나눠 주던 곳.

파업 종료 후 상당히 시간이 흐른 뒤였지만 나는 그 길을 지날 때마다 여전히 아픔을 느꼈다. 그때의 진정성을 실현해 내지 못한 것이, 갓입사한 덩치 큰 후배가 피켓을 머리 위로 높이 들고 땡볕 아래 서 있던 모습이, 허공으로 증발해 버린 것 같은 동료들의 외침이, 무더위 속 등골을 적시던 땀방울이 그 길을 지날 때마다 떠올랐다. 좌절된 진정성의 조각들이 머릿속에서 어지럽게 재현되었다. 그것만으로는 부족했던 것일까, 송전탑에 올라갔던 분들만큼의 진정성이 우리에겐 없던 것일까 하는 생각이 드는 것을 피할 수 없었다. 홍대입구역 10번 출구역시 마찬가지였다. 강남역만큼 자주 오간 곳은 아니었지만 어쩌다 그 주변을 지날 때마다 비슷한 감정을 경험했다.

다시 확인해 본다. 2012년, 왜 파업을 했던 것일까? 앞서 밝혔듯 2008년 보수 정부의 등장 이후 정권 종속화 경향이 점점 심해진 MBC 보도는 2011년 들어 그 양상이 더욱 심각해졌다는 평가를 받았다. 기자협회의 자체 분석에 따르면, 2011년 〈뉴스데스크〉는 4대강사업, 반값등록금, 이명박 대통령 내곡동 사저 의혹, 민간인 불법 사

찰, 재보선, 한미 FTA 등 주요 쟁점 사안을 축소 보도하거나 아예 보도 자체를 누락했다.[10]

PD들 역시 유사한 상황에 놓여 있었다. 4대강 사업 등을 다룬 〈PD수첩〉의 방송이 연기되거나 불방되었고, 한진중공업 사태, 검찰총장 후보자 인사 검증, 삼성 노조 문제 등에 대한 취재가 불허됐다. 그리고 이에 반발하는 PD들이 현업과 관계없는 부서로 발령 나는 일이 벌어지기 시작했다.[11]

이런 일들을 보면서 경영진이 '공정방송' 의무를 위반하고 있다고 판단한 기자와 PD들은 직능단체와 노조를 중심으로 피케팅 또는 제작거부 같은 단체행동을 했다. 그러나 경영진은 이들의 주장을 수용하지 않았다.[12] 결국 갈등이 누적되면서 2012년 1월 30일, 전국언론노조 문화방송본부 소속 구성원들은 불공정 방송의 주체로 김재철 당시 사장을 지목하고 그의 퇴진을 요구하는 무기한 총파업에 돌입했다.

그렇다면 경영진은 노조의 요구를 어떻게 생각했을까? 노조의 파업에 대해 이들은 전혀 다른 시각을 드러냈다. 경영진은 "특정 노조의 일방 주장에 의해 공정성이 판단된다면 MBC뿐 아니라 다른 언론사

---

10 MBC 기자협회, 2012.1.4, "[비대위특보 4호] 침묵, 편파, 왜곡으로 일관한 1년", http://mbcunion.or.kr/bbs/board.php?bo_table=B06a&wr_id=15&page=12

11 PD저널, 2011.8.5, "PD수첩은 한진중공업을 다루고 싶다", http://www.pdjournal.com/news/articleView.html?idxno=32218

12 노성철 · 정선욱, 2016, "Post-strike Abusive HR Processes and its implication in Professional Organization", 『한국 인사 · 조직학회 발표 논문집』 제1권, 1-28면.

잉여와 도구

에서도 이를 이유로 한 자의적 파업이 반복될 것이고, 이는 국민적 혼란과 사회적 갈등으로 이어지게 될 것"이라며 노조의 문제 제기에 맞섰다. 여기에 그치지 않고 한 발 더 나아가 "노조의 파업은 '사장 퇴진'을 목적으로 한 정치 파업이며, 이로 인해 회사가 마비되고 모든 경쟁력이 무너져 내렸다"며 노조를 상대로 소송을 제기해 거액의 손해배상을 청구했다.[13]

파업 초기만 해도 조합원들의 열기와 시민들의 호응 속에 노조 쪽 분위기가 좋아 보였다. 그러나 퇴진 대상으로 지목된 김재철 사장은 물론이거니와 사장에 대한 인사권을 가진 방송문화진흥회가 노조의 퇴진 요구를 거부하면서 파업 사태는 점차 장기화되기 시작했다. 그리고 그해 4월 총선에서 세간의 예상을 뒤엎고 여당인 새누리당이 과반의석을 차지하며 승리했다. 이후 경영진은 정영하 노조위원장과 이용마 홍보국장, 강지웅 사무처장, 박성호 기자회장, 최승호 PD, 박성제 기자 등을 해고하기로 확정하고 다수 조합원을 징계하는 등 본격적인 반격에 나섰다. 그와 동시에 파업 대체 인력인 '시용기자'[14]를 대거 채용했다.

경영진의 강한 반격에 직면한 노조는 김 사장의 법인카드 유용 의

---

13 MBC, 2016, "[보도자료] 파업의 불법성에 대한 법원의 합리적 최종 판결을 기대합니다", http://blog.mbc.co.kr/1123 참조. 그러나 이 손해배상 청구소송에서는 2017년 8월 현재 노조가 2심까지 승소했다. 노조는 피고 입장인 손해배상 청구소송뿐 아니라, 원고 입장인 해고무효소송에서도 역시 2심까지 승소하고 대법원 판결을 남겨두고 있다.

14 노조의 파업 당시 선발된 이들은 '시용직', 즉 1년간 직무계약을 맺은 뒤 이후 성과를 평가해 정규직 전환 여부를 결정하는 직종으로 입사해 흔히 '시용기자'라고 MBC 내부에서 일컬어졌다. 그리고 파업 종료 이후 선발된 기자는 '경력기자'라고 불린다.

혹과 특정 무용가 특혜 지원 의혹 등 도덕적 문제를 폭로하는 전략으로 맞섰다. 지난한 대립 끝에 파업은 170일이나 이어진 뒤 끝났다. 노사 간 타협의 결과가 아니었다. 당시 노조는 19대 국회가 개원 합의문에서 "방송문화진흥회 이사회가 방송의 공적 책임과 신속한 정상화를 위해 노사 양측 요구를 합리적 경영 판단 및 법 상식과 순리에 따라 조정·처리하도록 협조한다"라고 발표한 부분을 사실상 "여·야가 김재철 사장 퇴진에 합의한 것"으로 해석했다. 복수의 여당 채널을 통해 김 사장 퇴진 방침을 확인했다며, 더 이상 파업을 끌고 갈 이유가 없다고 판단한 것이다.[15]

사장 퇴진을 요구하며 진행돼 온 파업이었던 만큼 노동조합 지도부가 경영진과의 협상을 통해 파업의 출구를 찾을 수는 없었다. 김재철 사장 본인이 퇴진을 거부한 만큼 그에 대해 해임 권한을 가진 방송문화진흥회, 그리고 방문진 구성에 영향을 끼칠 수 있는 정치권(특히 여당)과 소통하는 것이 상책이었다. 당시 노조 지도부는 이 문제와 관련해 최선을 다했다고 판단하고 부문별 간담회 및 총회 등에서 조합원들의 이해를 요청했다. 조합원들은 일단 표면상 '빈손으로' 파업을 철회하는 모양새가 된 것에 대해 우려하기도 했지만 현실적으로 최선의 파업 출구라는 노조의 판단에 대해 공감하고 신뢰하는 분위기였다. 6개월 넘게 '무노동 무임금'으로 버텨온 만큼 어느 정도 파업 동력

---

15 기자협회보, 2012.7.11, "MBC 노조, 업무 복귀 막판 고심", http://www.journalist.or.kr/news/article.html?no=29048

이 떨어져 있던 것도 사실이었다.

그러나 결과적으로 노조의 판단은 빗나갔다. 노조의 해석에는 당시 야당만 동의했을 뿐 경영진과 여당은 동의하지 않았다. 당연히 강제력도 없었다. 실제로 김재철 사장과 경영진은 파업 이후에도 자리를 계속 유지했다. 노조는 "박근혜 당시 대선후보가 김재철 사장 해임 등 MBC 문제를 수습하겠다던 약속을 위반했다"며 강력히 반발했지만 상황에는 변동이 없었다.[16] 이후의 연구에서 노조의 파업 종료는 노사 간 협상과 화해의 결과가 아니라 항복에 가까운 조치로 이해되었다는 평가[17]가 나오기도 했다.

16　이와 관련해 노조의 발표와 언론 보도 등을 참고하면, 2012년 여름 전국언론노조 문화방송본부는 새누리당 비대위원을 지낸 이상돈 명예교수(현 국민의당 의원)를 매개로 유력 대선주자였던 박근혜 당시 새누리당 의원과 접촉했다. 보도에 따르면 당시 박근혜 의원은 이상돈 교수를 통해 '노조 주장에 공감한다. 노조가 먼저 파업을 풀고 모든 프로그램의 정상화에 돌입한다면 매우 바람직하다. 복귀하고 나면 모든 문제는 순리대로 풀려야겠다'라는 메시지를 전달했으며, 공개 행사에서 "MBC 파업이 징계 사태까지 간 것은 안타까운 일"이라는 공식 언급까지 했다. 이와 관련해 이상돈 교수는 추후 언론 인터뷰에서 "당시 박 의원은 '노조가 복귀하면 나중 일은 자신이 책임지겠다'는 약속을 했다"고 말한 바 있다. 그러나 파업 복귀 3개월 후인 2012년 10월, 김재철 사장 해임안은 방송문화진흥회에서 부결되었고, 노조는 기자회견을 열어 "박근혜 후보가 약속을 파기했다"는 내용을 공개하며 강력 반발했다.
뷰스앤뉴스, 2015.8.4, "이상돈, '박 대통령, MBC노조에 두 차례나 약속하고 깼다'", https://www.viewsnnews.com/article?q=123070
17　주 12와 같은 논문

파업 후 '멋진 신세계'가
펼쳐지다

브런치를
만들다

2012년 9월 하순의 어느 날, 이른 아침부터 제법 비가 내렸다. 출근을 해야 할지 말아야 할지 며칠 전부터 계속 고민이었는데 비까지 오니 더욱 내키지 않았다. 당시 나는 '신천교육대'로 불리던 MBC 아카데미에 있었다. 파업 때 받았던 정직 1개월의 징계가 종료되자 경영진이 3개월간의 교육발령을 내린 것이다.

나는 1반이었다. 가장 먼저 교육발령을 받은 MBC 구성원들이 1반으로 배치되었는데 모두 20명이었다. 파업 당시 대기발령을 받았거나 나와 같이 정직 1개월의 징계를 당했던 이들이었다. 대기발령이 풀리

잉여와 도구

고 정직 기간이 종료되자 교육발령을 받은 것이다. 정년퇴임을 눈앞에 둔 국장급부터 당시 입사 5~6년차였던 PD들까지 직급과 연조, 성별 등이 다양했다.

교육은 크게 오전 수업과 오후 수업으로 나뉘었다. 오전 10시부터 12시까지 수업을 받고, 점심시간이 끝난 뒤 오후 2시부터 4시까지 수업을 받으면 그날의 일과는 끝이었다. 육체적으로 힘든 일정은 아니었다. 힘든 것은 감정이었다. '인생, 그림 앞에 서다', '개념미술의 이해', '한국 가요사', '사진으로 삶을 아름답게 하는 힘', '요가 연습'과 같은 교육을 받았다. 직무와 관련된 내용이 없었다고 할 수는 없지만 대부분 급조된 기초 교양 강좌 수준이었다. 공정방송을 외치며 170일간 파업을 벌였던, 당장이라도 현장으로 되돌아가 콘텐츠를 생산하고 싶은 열기가 뜨거운 사람들이 잠깐도 아니고 몇 개월 동안 듣기엔 솔직히 어울리지 않는 내용이었다.

그래도 방법이 없었다. 회사의 명령이니 회사를 그만두지 않는 한 따라야 했다. 그래서 꾸역꾸역 MBC 아카데미로 나가 수업을 들었다. 정 내키지 않는 주제일 때는 뒤쪽에 앉아 다른 책을 읽거나 졸기도 했다. '지금 뭐하고 있는 건가' 싶은 생각이 들 때마다 모멸감이 치고 올라왔지만 이럴 때일수록 정신 차리고 무너지지 말아야 한다고 생각하며 열심히 독서를 하고 규칙적으로 생활하고자 노력했다. 점심시간에는 평소 잘하지 않던 운동도 했다.

그런데도 그날만큼은 나가고 싶지 않았다. 그날의 시간표는 다음과 같이 공지되어 있었다.

〔10:00~12:00 내가 만드는 브런치〕

〔14:00~16:00 파워 클래식(현악 4중주)〕

교육발령 첫날, 교육일정표를 받아드는 순간부터 눈에 들어왔던 '브런치 교육'이 예정된 날이었다. 정말 브런치를 만들러 가나? 가서 뭘 만들어야 하나? 이건 좀 심하지 않느냐고 선배들이 MBC 아카데미 담당자를 향해 항의하기도 했지만 소용이 없었다. MBC 아카데미의 실무진 선에서 결정된 교육과정이 아닌 것 같았다.

사실 가기 싫으면 안 가도 되었다. 담당자와 본사 인사부장에게 '집안 사정이 있어 못 갈 것 같습니다' 연락하고 휴가를 신청하면 그만이었다. 그래서 더 고민이 됐다. 가지 말아버릴까……

그러나 나는 우산을 펴고 있었다. 가야 한다는 생각이 들었다. 어떤 모멸감을 느낄지 모르지만 그래도 그것을 느끼는 것이 왠지 오늘의 나에게 주어진 숙명 같다는 생각이 들었다. 기록으로 남겨야 한다는 생각, 2012년 파업에 참가했던 언론 노동자들이 어느 날 회사의 명에 의한 교육으로 브런치를 만들었다는 사실이 어쩌면 한국 언론사에 남을 수도 있는데, 당사자로서 그 현장을 직접 경험하고 기록으로 남겨야겠다는 생각이 들었다.

빗줄기를 뚫고 롯데백화점 잠실점 문화센터에 도착했다. 교육장소는 2층이었던 것으로 기억한다. 도착해 보니 선배들이 와 있었다. 여기서부터는 내 기억에 남아 있는 분들의 실명을 쓸까 한다. 보도국의 대선배로 3년 뒤 정년퇴임 예정이던 이우호 국장이 있었다. 아나운서국의 박경추, 김완태 아나운서가 있었다. 보도국 선배였던 김연국, 문소현 기자와 홍우석, 나준영 카메라기자가 있었다. 시사교양국의 이정식, 김동희, 서정문 PD도 기억이 난다. 그 외에도 몇 분이 더 있던 것 같은데 기억이 흐릿하다. 또 이날 모습을 보이지 않은 동료들도 있었다. 아마 나와 비슷한 고민을 했던 것이리라.

이날 수업에서 만들어야 할 브런치 메뉴는 참치 샌드위치였다. 동료들을 3개 조 정도로 나눴던 것 같다. 각 조에 샌드위치 재료로 쓸 식빵과 채소, 드레싱, 참치 그리고 도마와 칼, 비닐장갑이 주어졌다. 기왕 하는 거 재미있게 하자고 누군가 말했던 것 같다. 그러면서 각자 비닐장갑을 꼈다. 나는 차마 재료를 만져볼 엄두가 나지 않았다. 옆 조에서는 박경추 아나운서가 속도를 내며 실력을 발휘하고 있었다. 상당히 모멸적인 자리임이 분명했지만 그래도 사람들이 모였다고 곳곳에서 웃음소리도 났다.

우리 조에서는 김연국 기자가 팔을 걷어붙였다(*그는 2017년 현재 전국언론노조 문화방송본부 위원장으로 총파업을 이끌고 있다). 평소 집에서 종종 만든다면서 식빵을 썰고 채소를 다듬었다. 입사 동기이기도 한 문소현 기자와 호흡을 맞춰 익숙하게 샌드위치를 만들어나갔다. 재료가 많았기 때문에 생각보다 샌드위치가 꽤 나왔다. 내가 만든 것은 모양이 영 형편없었다.

한 개 정도는 현장에서 먹은 것 같다. 그리고 남은 샌드위치는 랩으로 싸 인원수에 맞게 배분됐다. 그날 오후에 노조에 일이 있어서 여의도(*당시 MBC는 여의도에 있었음)로 가는 동료가 있었는데 그에게도 많이 주어졌다. 노조에 가서 사람들과 나눠 먹으라며…….

예상했지만 실제로 속이 상했다. 이런 수업은 단체로 보이콧을 해버렸어야 하지 않나 하는 생각이 뒤늦게 들었다. 그러나 보이콧을 해버리면 교육 담당자와 강사 등이 곤란해진다. 그래서 보이콧도 하지 못한 MBC 동료들이 착하다는 생각, 그런데 이런 사람들을 '강성' 같은 용어로 분류해 징계하고 신천교육대로 쫓아내 버린 경영진에 대한 분노 등이 엉켜 마음이 정리되지 않았다. 화가 나서 가방 속에 있던 샌드위치를 근처 쓰레기통에 던졌다. 그러고 몇 발 가다가 '샌드위치가 무슨 죄인가' 싶어 다시 집어왔다. 그런 나 자신도 너무 착하게 느껴져 싫었다. 착해서 패배한 것 같았다. 착해서 당하고 있는 것 같았다.

그래도 조금만 더 고생하면 될 거라고 생각했다. 김재철 사장도 그 주위의 경영진도 머잖아 다 정리되리라 생각했다. 향후 몇 년간 펼쳐질 '멋진 신세계'의 전주곡일 거라고는 상상도 하지 못했다. 2012년 9월이었다.

가혹해진
징계

노조가 사실상 '빈손으로' 파업을 철회했다는 말은, 뒤집어 말하면 경영진이 이후 국면의 주도권을 쥐게 되었다는 이야기가 된다. 이미 파업 과정에서 해고 6명, 정직 38명 등 파업 참가자 44명을 중징계하고 20여 명을 대기발령했던 경영진은 파업 종료 직후 조직개편과 인사발령을 단행했다. 그리고 기자·PD·아나운서 직종의 주요 파업 참가자 50여 명을 용인드라마아개발단, 신사옥건설국, 경인지사, 사회공헌실 등 취재·보도·제작과 관계없는 부서에 배치했다.

이후 정직 기간 및 대기발령이 종료된 인원 다수, 그리고 업무 복귀자 가운데 일부는 2012년 하순부터 MBC 아카데미에서 교육을 받았다. 인원은 모두 96명이었고, 교육 기간은 짧게는 3개월부터 최장 8개월까지였다. 앞서 내 경험을 썼지만 이 교육은 현직 언론인이 장기간 수행하기에는 부적절하고 인권 침해 요소가 있다는 논란이 제기되기도 했다. 당시 교육 대상자들은 MBC 아카데미가 서울 송파구 신천동에 자리잡은 것을 빗대 스스로를 '신천교육대'라고 자조적으로 일컬었다.[18]

한편 파업 후 업무에 복귀한 노조원 중에서도 조직 질서 문란, 업무

---

18   기자협회보, 2012.10.24, "MBC 기자들은 지금 '신천교육대'에", http://m.journalist.or.kr/m/m_article.html?no=29677

지시 거부 등 해사 행위를 했다는 이유로 해고되거나 정직 이상의 중징계를 받는 일이 나타났다. 대표적인 사례가 인터넷 커뮤니티 '오늘의유머' 게시판에 회사를 비판하는 내용의 글을 올리고, 유사한 내용의 웹툰을 SNS 등에 게재했다는 이유로 해고된 권성민 PD다.

또 사내 게시판에서 김재철 당시 사장을 포함한 경영진을 비판했다가 "근거 없는 비난이자 직장 질서 문란"을 이유로 정직 7개월과 교육 2개월 징계를 받은 이용주 기자, 외부 매체와 인터뷰를 하며 회사 경영진 등을 비난했다는 이유로 정직 3개월 징계를 받은 김혜성·김지경 기자, 정수장학회 도청 의혹 관련 뉴스 제작 지시를 거부해 정직 2개월 징계를 받은 강연섭 기자 등의 사례도 이에 해당한다. 이렇게 파업 이후 회사 측과의 갈등 과정에서 정직 이상의 징계를 받은 노조원도 2016년 12월을 기준으로 해고 2명, 정직 23명 등 25명에 달한다.[19]

"MBC의 DNA를 바꾸는 작업"

교육, 대기발령, 정직에는 유효기간이 있다. 그러므로 그 자체로 중한 징계이긴 하지만 해고보다 가벼운 것만은 분명하다. 이 점은 경영

---

19 권PD는 해고무효소송을 제기했고 대법원 최종 승소로 복직했다. 본문에 언급한, 정직 이상 징계를 받은 기자들 역시 징계무효소송을 제기해 모두 승소했다.

진의 입장에서도 고민이었던 것 같다. 파업에 열심히 참여하거나 경영진을 적대시하는 등 경영진 입장에서 '함께 일할 수 없다'고 판단한 구성원에게 일단 징계를 내렸는데 그 징계는 언젠가 종료해야 하는 것이기 때문이다. 가령 정직 6개월이라는 징계는 일반적으로 MBC 내에서 해고 다음으로 무거운 징계로 인식되는 조치지만, 어쨌든 6개월이 지나면 종료해야 한다. 그 6개월 이후 어떻게 할 것인가? 현업으로 돌려보내 일을 시킬 것인가?

경영진이 찾아낸 답은 '본업 배제 및 직종 전환, 그리고 이들을 대체할 경력사원 선발'이라는 프로세스였던 것으로 보인다. 당사자가 PD든 기자든 아나운서든, 그들의 경력과 전문성, 의사와 관계없는 부서로 발령내 사실상의 직종 전환을 강제한 뒤 그들을 대신할 경력사원을 선발해 투입하는 방식이었다. 파업 당시 일부 임원이 발언한 것으로 알려진 표현을 빌리자면, "MBC의 DNA를 바꾸는 작업"에 나선 것이다.[20]

이 프로세스는 크게 네 경로로 진행되었다. 다소 복잡할 수도 있지만 MBC 구성원들의 자기 진술을 이해하는 데 필요한 대목이므로 간략히 소개한다.[21]

---

20 미디어오늘, 2012.7.5, "MBC 경영진이 노조 업무복귀를 방해하나", http://www.mediatoday. co.kr/?mod=news&act=articleView&idxno=103607
21 문화방송노보 211호, 2016.10.6.

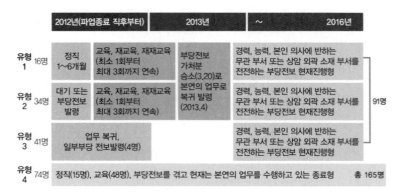

2012년(파업종료 직후부터)			2013년	~	2016년
유형 1 16명	정직 1~6개월	교육, 재교육, 재재교육 (최소 1회부터 최대 3회까지 연속)	부당전보 가처분 승소(3.20)로 본연의 업무로 복귀 발령 (2013.4)		경력, 능력, 본인 의사에 반하는 무관 부서 또는 상암 외곽 소재 부서를 전전하는 부당전보 현재진행형
유형 2 34명	대기 또는 부당전보 발령	교육, 재교육, 재재교육 (최소 1회부터 최대 3회까지 연속)			경력, 능력, 본인 의사에 반하는 무관 부서 또는 상암 외곽 소재 부서를 전전하는 부당전보 현재진행형 91명
유형 3 41명	업무 복귀, 일부부당 전보발령(4명)				경력, 능력, 본인 의사에 반하는 무관 부서 또는 상암 외곽 소재 부서를 전전하는 부당전보 현재진행형
유형 4 74명	정직(15명), 교육(48명), 부당전보를 겪고 현재는 본연의 업무를 수행하고 있는 종료형				총 165명

파업 참가자들에 대한 강제 직종 전환 현황 (출처: 문화방송노보 211호)

우선 파업 당시 중징계를 받은 이들이 '유형 1'이다. 이들은 징계 종료 후 MBC 아카데미에서 교육을 받았다. 2013년 초 노조가 제기한 부당전보 취소 가처분소송에서 승리해 잠시 본 업무에 복귀했지만, 2014년 이후 다시 본업에서 제외되었다.

'유형 2'는 파업 종료 이후 자택 대기 또는 용인드라미아 같은 외부로 발령 난 이들이다. 이들 역시 MBC 아카데미에서 교육을 받은 뒤 소송을 제기해 본업에 복귀했는데, 2014년 이후 다시 본업 외부로 제외되었다.

'유형 3'은 파업 종료 후 일단 본업에 복귀했지만, 이후 근무 과정에서 경영진과 갈등을 빚고 본업 외부로 제외된 경우다. 마지막으로 '유형 4'는 파업 종료 이후 징계 또는 본업 외부로 제외되는 경험을 했지만 현재는 본업에 복귀해 업무를 수행하고 있는 이들이다.

파업 이후 MBC 경영진이 도입한 비인격적 인사관리 기조는 크게 세 국면을 거쳤다. 우선 첫 번째 국면은 '형성기'로, 파업 종료 후 2013년 초까지의 상황을 의미한다. 이때 경영진은 징계, 교육, 직종 전환 등을 통해 파업 참가자 다수를 본업에서 제외하는 조치를 취했다. 다음 국면은 '조정기'로, 2013년 초부터 2014년 초까지의 상황이다. 이때 법원이 노조가 제기한 부당전보 취소 가처분 신청을 인용하면서 본업에서 제외됐던 노조원 상당수가 본업 또는 그 주변 부서로 복귀한 바 있다.

2014년 이후 2017년 현재까지의 상황을 의미하는 세 번째 국면은 '재강화기'로 일컬을 수 있겠다. 이 시기에 경영진은 다시금 다수 구성원들을 본업에서 배제했는데, 그 대상은 파업 때 징계를 받은 유형 1의 구성원은 물론이고 본업에서 일하다가 경영진과 크고 작은 갈등을 빚은 유형 3의 구성원까지로 확대됐다.[22]

노조의 분석에 의하면 2016년 11월을 기준으로 모두 109명의 구성원이 본 업무에서 제외된 상태이며, 직군별로 분류하면 기자 55명, PD 32명, 아나운서 11명, 여타 부문 11명이 이런 상태에 놓여 있다.[23]

---

22 이 과정에서 MBC 경영진에 변화가 있었다. 파업 당시 노조와 대립한 김재철 사장은 파업 직후 한동안 자리를 지켰으나, 이듬해인 2013년 3월 대주주인 방송문화진흥회와 협의하지 않은 상태에서 인사를 진행한 것이 문제가 돼 해임됐다. 이후 김종국 사장이 선임돼 김재철 전 사장의 잔여 임기 1년을 채웠다. 법원의 '부당전보 취소 가처분 소송' 인용에 의해 노조원들이 본업으로 복귀했던 시기는 김종국 사장의 재임 시기였다. 그리고 2014년 3월, 안광한 사장이 MBC 사장으로 선임됐다. 안 사장은 김재철 사장 재임 당시 부사장으로 재직했던 인물이었다. 안 사장은 3년 임기를 마친 뒤 퇴임했고, 2017년 2월 방송문화진흥회는 안 사장 재임시 보도국장과 보도본부장을 역임했던 김장겸 사장을 후임으로 선임했다.

이처럼 파업 이후 다수의 인력을 본 업무에서 배제한 MBC 경영진은 이들 대신 업무에 투입할 신규 인력을 대거 선발했다. 특이한 점은 경력사원의 선발이 선호되었다는 점이다. 노조의 분석 자료에 따르면 파업 이후 경영진이 선발한 경력사원은 2016년 11월을 기준으로 229명에 이른다. 반면 파업 이전까지만 해도 매년 실시됐던 신입사원 채용은 파업 이후에는 단 한 번만 시행되었다. 신입사원의 경우 연수 과정을 통해 집합적 의식과 유대감이 형성되고, 단체로 노조에 가입하는 비율이 높다는 점 등을 고려한 것으로 보인다.[24]

이렇게 인사 패러다임이 변화한 배경은 무엇일까. 파업 종료 후 주도권을 쥔 경영진이 저항 동력이 고갈된 노조의 힘을 완전히 빼기 위한 목적이라는 분석에 설득력이 있다. 이 분석에 따르면 경영진은 파업 종료 이후 여전히 현장에서 수적 우위를 점하고 있던 파업 참가자들이 다시 외부에서 어떤 정치적 기회가 생길 경우 대규모 저항에 나설 것을 우려해, 기존의 수적 분포를 변화시킬 필요성을 적극 고려한 것으로 보인다.[25]

23 문화방송노보 214호, 2016.11.9.
24 주 12와 같은 논문.
25 앞의 글.

비인격적
인사관리

이 책에서는 비인격적 인사관리를 MBC 경영진의 파업 이후 인사
관리 기조를 설명하는 개념으로 사용하고 있다. 비인격적 인사관리
란 주로 인사·조직 학계에서 연구하는 학술적 개념으로, 글로벌 경쟁
이 심화되고 성과주의 인사관리가 확산되는 가운데 기업이 구조조정
을 목적으로 언어적·비언어적 괴롭힘, 따돌림, 비인격적 인사권 행사
등을 활용해 노동자들의 근로 의욕을 상실하게 하는 일련의 인사관리
정책을 의미한다.[26]

고용노동부에서 최근 내놓은 자료에서는 업무상 필요성이 없거나
노동자가 도저히 납득할 수 없는 전근·전출에 의해 노동자를 퇴직으
로 유도하는 경우, 명예퇴직에 응하지 않으면 대기발령을 내거나 인
사·급여 등에서 불이익을 주는 경우, 이력서 쓰기와 같은 부적절한
업무를 부여하는 경우, 아예 업무를 주지 않거나 곤란한 업무를 부여
하는 경우 등을 비인격적 인사관리의 관련 사례로 제시하고 있다.[27]

MBC의 사례에 이 개념을 비춰보면, MBC에서는 경영진이나 간부
에 의한 직접적인 따돌림, 언어폭력, 물리적 위력 행사 같은 일이 빈발
했다고 보기는 어렵다. 그러나 징계권 남용, 멀리 떨어진 곳으로의 배

---

26 Tepper, B.J., 2000. "Consequences of abusive supervision," *Academy of Management Journal* 43: pp.178-190.
27 고용노동부, 2014, "근로자에 대한 가학적 인사관리 등 관련 사례분석 및 입법례 연구".

치, 근로자가 납득할 수 없는 전근·전출 등 비인격적 인사권 행사, 업무를 부여하지 않거나 부적절한 업무를 부여하는 경우 등은 발생했다.

이런 인사관리 기조에 대해 근로자 당사자와 노조는 비인격적 인사라며 반발하고, 아나운서 등 일부 직종에서는 상당수가 회사를 떠나기도 했다. 게다가 이런 징계와 전보 발령 가운데 과도한 수준이거나 법적 근거가 부족하다는 점이 인정돼 그 효력이 법적으로 정지되거나 무효화된 조치도 상당수다.[28] 이런 점을 근거로 2012년 이후 MBC의 인사관리를 비인격적 인사관리 개념으로 논하기로 하자.

---

28 해고나 정직 등에 대한 징계무효소송에 있어서는 2016년 12월 현재 결과가 나와 있는 10건 가운데 9건에서 노조가 승소했고(승소율 90퍼센트), 인사발령의 '부당전보' 여부를 가리는 효력정지 가처분 신청은 현재 결과가 나온 5건 가운데 2건에서 노조가 승리한 것으로 분석됐다(승소율 40퍼센트). 본안소송에 돌입했던 '김환균외14인 전보발령무효확인'에서는 2017년 4월 대법원 확정판결로 노조 측이 승리했다.

기자들을
갈라놓다

지금까지 검토한 자료를 토대로 이 책의 탐색 대상인 기자들의 조직을 관찰해 보자. 부서명 등이 다소 생소할 수 있지만 이 글에서 자주 쓰이는 '본업에서 배제됐다' 또는 '제외됐다' 같은 말이 어떤 의미인지 간단하게 설명하고 넘어가기로 한다.

앞서 노조에서 공개한 자료를 통해 기자 가운데 상당수가 본업에서 배제된 상태임을 알 수 있다. 여기에는 해고자 5명이 포함돼 있다. 해고자들은 아예 MBC 외부로 추방되었고, 남은 이들은 주로 경인지사, 뉴미디어포맷개발센터, 신사업개발센터, 미래방송연구소, 광고국, 마케팅·심의 부서 등에 배치되었다. 여기서 기자들은 취재·보도가 아닌 신규 사업 개발 및 유치, 뉴미디어 개발, 마케팅, 기본 운영 업무 등을 담당하고 있다. 특히 이 부서 가운데 일부는 서울 상암동 MBC 사옥이 아닌 인천, 수원, 고양 등 수도권 지역 또는 구로디지털단지, 여의도 등 외부 사무실에 있다.

반면 보도본부의 주변을 맴도는 기자들도 있다. 그러나 이들은 보도 전략, 뉴미디어, 보도정보시스템 개발 및 관리, 뉴스 사업, 뉴스 품질 관리 등 '보도 지원 관련 부서'에 배치된 양상이다. 뉴스를 생산하기 위한 취재·보도의 영역으로는 접근이 차단돼 있다. 특이한 점은 한번 이런 지원 부서에 배치된 기자들은 정치부나 사회부 등 일선 취재 부서로 복귀하는 일이 거의 없다는 것이다.

그렇다면 이런 업무를 기자들이 맡는 것은 불필요한 일일까? 그렇다고 볼 수는 없다. 파업 이전에도 보도 지원 업무를 하거나 보도본부 밖에서 일한 기자들이 있었기 때문이다. 다만, 그 수는 지금에 비해 훨씬 적었고, 또 이들 부서와 뉴스 생산 부서 간에 정기적으로 순환 인사가 있었다. 그러나 파업 이후에는 그 수가 크게 증가했으며 순환 인사의 고리도 끊어지다시피 했다. 이유가 무엇이든 간에 한번 뉴스 생산 조직에서 배제되면, 그래서 보도본부의 주변부 또는 외부에 고정되면, 그 위치에서 벗어나기가 매우 어려워진 것이다.

이들이 비운 뉴스 생산 현장의 자리는 파업 이후 꾸준히 선발된 시용·경력 기자들이 채웠다. 2017년 현재 시용·경력 기자의 규모는 90명을 훌쩍 넘어 100명에 육박할 것으로 관측된다.

이처럼 파업 이후 MBC의 비인격적 인사관리는 기자들을 복잡하

잉여와 도구

게 분화시켰다. 크게 구분하면 현재 MBC 기자들은 두 그룹, 즉 현재 보도본부에 소속된 기자들(이하 '보도')과 보도본부 밖으로 배제된 기자들(이하 '비보도')로 분류된다.

정밀하게 관찰해 보면, 우선 보도본부에 소속된 기자들은 여섯 그룹으로 나뉜다. ① 취재 부서에 근무하면서 메인 뉴스인 〈뉴스데스크〉를 제작하는 기자(이하 그룹1) ② 메인 뉴스는 아니지만 〈시사매거진2580〉〈이브닝뉴스〉〈경제전망대〉 등 보도 관련 프로그램을 제작하는 기자(이하 그룹2) ③ 보도본부 소속이지만 뉴스·보도 프로그램 제작에는 관여할 수 없고 보도정보시스템 관리, 온라인뉴스 운영 등 보도 업무를 간접 지원만 하는 기자(이하 그룹3)로 구분된다.

이 세 그룹과 달리 보도본부 외부로 배제돼 뉴스 생산에 전혀 관여할 수 없는 기자들은 현재 업무의 성격보다는 '공간'에 따라 서로를 구별하는 경향이 있다. ④ 보도본부 외부이긴 하지만 서울 상암동 본사에서 근무하는 기자(이하 그룹4) ⑤ 수도권 지역, 여의도, 구로 등 본

그룹1	본사 보도본부 소속	취재 부서에 근무하며 메인 뉴스 〈뉴스데스크〉를 제작
그룹2		〈시사매거진2580〉 등 보도 관련 프로그램 제작
그룹3		뉴스·보도 프로그램 제작에 관여할 수 없고 보도 업무를 간접 지원
그룹4	본사	보도본부 외부 비제작 부서 근무
그룹5	본사 외부	수도권, 여의도, 구로 등 본사 외부 비제작 부서 근무
그룹6	-	경영진에 의해 해고

MBC 기자들의 분화 현황 (2016년 11월 현재)

사 외부에 있는 별도의 사무실에서 근무하는 기자(이하 그룹5)로 나눌 수 있다. 마지막으로 ⑥ 경영진에 의해 해고된 기자가 있는데, 이들을 그룹6으로 칭하기로 한다. 이를 정리하면 57쪽의 표와 같다.

심층 인터뷰
어떻게 했나

앞서 밝힌 것처럼 개별 면접 방식의 심층 인터뷰를 통해 조사를 수행했다. 첫 인터뷰는 2016년 5월 20일이었고, 마지막 인터뷰는 2017년 4월 28일이었다. 대상은 MBC 기자 27명이었다.

어떻게 인터뷰 대상을 선정했는지, 인터뷰를 통해 수집한 자료를 어떻게 분석했는지 등에 대해 기술할 차례다. 그러나 그에 앞서, 내가 직면한 중요한 문제를 고백하고 넘어가지 않을 수 없다. 바로 인터뷰어로서 나의 정체성에 대한 문제다.

앞서 언급했듯 나는 2003년 말부터 2017년 현재까지 14년 가까이 MBC에 재직해 온 기자다. 또 2012년 파업에 참가했고 그 이후 수행된 경영진의 인사관리를 직접 경험한 내부 구성원 가운데 한 사람이기도 하다. 한마디로 관찰자면서 동시에 연구 대상인 필드의 내부 행위자라는 이중적 정체성을 갖고 있다.

이런 상황 때문에 두 가지 딜레마가 발생한다. 우선 인터뷰이(inter

잉여와 도구

viewee) 선정 과정에서 발생하는 문제다. 다음 장에서 살펴겠지만 현재 MBC 기자 조직에서는 파업 참가 여부 및 입사 시기 등을 축으로 발생한 노노 갈등이 심각하다. 파업 참가자라는 내 정체성 때문에 유사한 상황에 놓인 연구 대상자에게는 접근하고 소통하는 것이 매우 유리했다. 그러나 파업에 불참한 기자 또는 파업 이후 입사한 시용·경력 기자 그룹과는 커뮤니케이션은 물론이거니와 기본적인 접근조차 어려운 상황이었다.

인터뷰에서 수집한 자료를 해석하는 데에도 딜레마가 있을 수 있다. 내부 구성원으로서 쌓은 경력과 경험은 인터뷰에서 수집한 자료들의 의미를 좀 더 풍부하게 해석하는 데 도움이 될 수 있지만, 또한 동시에 내부자의 고정된 시각에서 벗어나지 못할 위험성도 던져 주기 때문이다.

이런 딜레마에 대한 성찰 끝에 나는 다음 원칙을 따르기로 했다. 우선 조사 연구자가 익숙한 공간에서 친밀한 사람들을 상대로 문화기술지 연구를 수행하는 작업이 가진 장점에 주목했다. 헬레나 울프(2000)의 경우 고전 발레 무용수라는 자신의 경험이 발레 세계를 이해하는 데 상당한 배경지식을 전해 주었고, 오랜 친구들과의 관계망이 폐쇄적 발레 세상을 이해하는 데 결정적 역할을 했음을 자인한 바 있다.[29]

한국의 기자 세계에도 외부인이 접근하기 어렵게 하는 폐쇄적 측면이 존재한다. 그동안 미디어 문화연구 및 저널리즘 분야에서 기자들과 기자 조직에 대한 문화기술지 연구를 찾아보기 쉽지 않던 결정

적인 이유이기도 하다.[30] 그렇다면 조사 연구자로서 내 정체성과 특수
성을 인정하고, 그 주관성과 한계를 드러낸다면 되지 않을까? 그러면
서 동시에 내 개인적 경험이 최대한 자료 수집과 분석에 덜 개입할 수
있도록 노력하는 과정이 필요하지 않을까? 결국 모든 지식은 특수한
상황과 공간, 위치 등을 기초로 하여 발생되는 상황적 지식(situated
knowledge)일 수밖에 없기 때문이다.

  이와 같은 생각을 바탕으로 하고, 27명의 MBC 기자에 대해 심층
인터뷰 방식의 질적 조사를 수행했다. 인터뷰 대상은 다음과 같이 선
정했다. 기자들이 다양하게 분화되어 있는 상황을 고려해 인터뷰 대
상자를 각 그룹에 가능한 한 균등하게 배분했고, 직급과 연차 역시 염
두에 두되 일반적으로 언론사에서 저항의 움직임은 젊은 기자들을 중
심으로 시작되는 경우가 많다는 점을 감안해 차장급 이하 기자의 비
율을 높였다.

  또한 이 조사 연구에서는 파업 참가 기자 외에 시용·경력 기자 등
파업 이후 입사한 기자들도 가능한 한 연구 대상에 포함시키고자 했
다. 이들 역시 경영진이 시행한 비인격적 인사관리의 한 축이기도 하

29 Helena Wulff, 2000, "Access to a closed world: methods for a multilocale study on ballet as a
career," In V. Amit(Ed.), *Constructing the Field: Ethnographic Fieldwork in the Contemporary World*,
London and New york: Routledge.(채석진, 2016, "친밀한 민속지학의 윤리: 청년세대 여성들의 취약한
삶, 노동, 디지털미디어 사용 연구하기", 『언론과 사회』 24(3): 47-88면에서 재인용)
30 한선·이오현, 2010, "지역신문 기자의 작업문화와 정체성 형성에 관한 연구: 광주지역을
중심으로 한 질적 연구", 『언론과 사회』 18(4): 2-36면.

고, 무엇보다 현재 MBC 뉴스와 조직, 기자의 문제를 논하면서 현재 MBC 뉴스 생산 조직의 주류를 구성하는 이들 집단을 조사하지 않고 간다는 것 자체가 어불성설에 가깝기 때문이다. 파업 참가자라는 내 정체성 때문에 이들에게 접근하는 데 어려움이 있었지만, 그럼에도 시용·경력 기자를 4명 인터뷰할 수 있었다.

인터뷰는 MBC 내 회의실, 카페, 음식점, 호프 등 인터뷰이의 사정에 따라 다양한 장소에서 이뤄졌으며 짧게는 1시간부터 길게는 2시간 30분 남짓까지 진행되었다. 모두 익명을 전제로 인터뷰에 응했으며, 인터뷰 인용 과정에서 신원을 유추할 수 있는 대목이 드러나지 않도록 해 달라고 요청했다. 따라서 인터뷰이의 인구 사회학적 속성에 대해서는 최소한의 정보만 소개할 수밖에 없음에 양해를 구하고 싶다.

기본적인 줄기는 다음 쪽에 있는 표에 정리했다. 우선 앞서 설명한 분류를 토대로 인터뷰 시점 당시에 그룹1, 그룹2, 그룹3에 해당한 기자는 '보도'로, 그룹4, 그룹5, 그룹6에 해당한 기자는 '비보도'로 표기했다. 보도는 19명, 비보도는 8명이다.

그런데 보도에서 그룹3의 기자들은 흥미로운 사람들이다. 이들은 비록 직제상으로는 보도본부 소속이지만, 취재·보도 부서가 아닌 '지원 부서'에서 난이도가 낮은 업무를 장기간 수행하고 있으며 이에 따라 자신들이 '뉴스 생산에서 배제돼 있다'라는 정서를 체화하고 있기 때문이다. 그런 점에서 이들이 가진 정체성은 '비보도' 그룹에 가깝다고 봐도 무리가 없다.

마지막으로 연구 참여자들의 연차는 30년차 이상인 국장급이 1명, 20년차부터 29년차까지인 부장급이 4명, 10년차부터 19년차까지인 차장급이 13명, 10년차 미만인 사원급이 9명이었으며, 성별로는 남성이 18명, 여성이 9명임을 밝혀 둔다.

인터뷰이	소속	날짜	장소	시간
M01	보도	2016년 9월 8일	카페	1시간 20분
M02	비보도	1차: 2016년 5월 26일 2차: 2016년 9월 7일	회의실 카페	2시간 03분 25분
M03	비보도	2016년 9월 13일	회의실	1시간 10분
M04	보도	2016년 9월 17일	카페	1시간 26분
M05	비보도	2016년 9월 19일	카페	1시간
M06	보도	2016년 9월 20일	회의실	1시간 14분
M07	보도	2016년 9월 20일	카페	1시간 28분
M08	보도	2016년 9월 21일	공원	1시간 28분
M09	보도	2016년 9월 21일	카페	1시간 06분
M10	보도	2016년 5월 20일	카페	1시간 26분
M11	보도	2016년 5월 21일	카페	1시간 44분
M12	비보도	2016년 5월 23일	카페	1시간 28분
M13	보도	1차: 2016년 9월 23일 2차: 2016년 9월 24일	카페 회의실	44분 1시간 04분
M14	보도	2016년 9월 26일	음식점	1시간 11분
M15	보도	2016년 9월 30일	음식점	1시간 40분
M16	보도	2016년 5월 31일	카페	1시간

잉여와 도구

M17	보도	2016년 10월 4일	카페	1시간 29분
M18	보도	2016년 10월 5일	호프	1시간 54분
M19	비보도	2016년 10월 6일	음식점	1시간 29분
M20	보도	1차: 2016년 10월 6일 2차: 2016년 10월 11일	카페 회의실	54분 1시간 25분
M21	비보도	2016년 10월 7일	음식점	1시간 50분
M22	비보도	2016년 10월 11일	카페, 공원	2시간 07분
M23	보도	2017년 4월 5일	회의실	1시간 26분
M24	비보도	2017년 4월 7일	카페	1시간 39분
M25	보도	2017년 4월 10일	회의실	1시간 03분
M26	보도	2017년 4월 20일	호프	2시간 40분
M27	보도	2017년 4월 28일	카페	1시간 03분

인터뷰에 참여한 MBC 기자 관련 기본 정보

2장

잉여

MBC의 비인격적 인사관리는 구체적으로 기자 개개인에게 어떤 경험으로 구현되었고 이들의 마음가짐과 실천에 어떤 변화를 불러일으켰을까? 2장은 뉴스의 외부로 '배제된' 기자들의 이야기다.

2012년 파업에 참여한 기자 상당수가 비인격적 인사관리에 의해 기존에 해 오던 뉴스 생산 업무에서 배제되었다. 이 장에서는 이들의 경험을 들어 보고, 그 경험이 기자들의 마음가짐에 어떤 변화를 촉발했는지 탐구한다. 그리고 그런 마음의 변화가 어떤 양상의 실천으로 드러났는지 추적 관찰한다.

잉여적 기자
발생하다

뉴스 외부로 배제된 MBC 기자들은 크게 세 그룹으로 나뉜다. 가장 극단적인 경우는 해고돼 MBC의 외부로 벗어나게 된 기자들(그룹6)이다. 엄밀히 보면 해직 기자의 문제는 해고를 경험하지 않은 기자들과는 차이가 있다. 다만 이 글에서는, 해직 기자를 포함해 뉴스 생산 업무에서 배제된 기자들이 본래의 직을 장기간 잃고 있다는 점에서 넓은 의미에서 '해직(解職)'됐다고 볼 만한 근거가 있다고 보고 이들의 공통점에 주목하고자 했다.

다음으로는 MBC 직원 신분은 유지하고 있지만 보도본부 외부에서 기자직과는 관계없는 업무를 맡게 된 기자들이 있다(그룹4, 그룹5). 또 직제상 보도본부 내에 소속돼 있긴 하나 간접 보도지원 업무만을 장기간 담당하고 있는 기자들(그룹3)이 있는데, 이들 역시 실질적으로 뉴스 생산에서 배제돼 있다고 볼 수 있다.

이 그룹들은 왜 파업 이후 뉴스 생산에서 배제된 것일까? MBC 경영진은 어떤 이유에서, 그리고 어떤 기준으로 이들을 특정해 뉴스 생산에서 제외했을까? 경영진이 밝힌 공식 입장은 이렇다. '매체의 융복합 시대를 맞이해 기존의 낡은 직종 구분 개념은 큰 의미가 없다.' 또 '적재적소 배치 원칙을 지켰으며, 기본적으로 인사권 행사는 회사의 경영적 판단이다'라는 입장도 밝힌 바 있다.[31] 그러나 뉴스 생산의 외부로 배제되는 기자들이 왜 대부분 파업에 적극 참여한 기자들인지는 구체적으로 설명하지 않고 있다.

나는 경영진 인사들의 말을 직접 들어 보고 싶었다. 그러나 이번 조사 연구에서는 그들을 직접 인터뷰하지 못했다. 그런 한계가 있지만 접근 가능한 자료를 토대로 어느 정도 추론이 가능했다.

"왜 나한테 해코지를 하고 다니나"

이런 인사관리에는 크게 두 가지 이유가 있던 것으로 보인다. 첫째

---

31 MBC, 2014, "[M투데이] 인사발령과 관련해 사원 여러분께 알려드립니다", http://blog.mbc.co.kr/872
MBC, 2016, "[보도자료] 해사행위, 근거 없는 비방에 엄정히 대응할 것입니다", http://blog.mbc.co.kr/1742 등 참고

는 파업 참여에 대한 응징 또는 보복 차원이다. 2012년 파업은 유례 없는 170일간의 장기 파업으로 노사 갈등이 극심했는데, 사장 퇴진을 내걸고 진행한 터라 더욱 그랬다. 파업 이후 주도권을 쥔 경영진은 이에 대한 응징적, 보복적 차원에서 비인격적 인사관리를 기획한 것으로 보인다. 2016년 초 공개된 '백종문 녹취록'[32]이 그 근거다.

박○○('폴리뷰' 편집국장): 다시 돌아온 거 같더라고요.

백종문(MBC 미래전략본부장): PD가?

박○○: 네. 뭐지. 이번에 새롭게. 프로그램 하나 만들어지는데 훌륭하게 다시 복귀를 했더라고요.

백종문: ○○○이 얘기하는 거 아니야, 기자?

소○○('폴리뷰' 기자): 아닐걸요. 다른 사람 같은데. PD인데.

백종문: 피디 프로그램 다 배제시켰는데.

김○○(MBC 미디어사업본부 센터장): 그 분야에 대해선 정말 클리어하게.

백종문: 회사를 망가트린 사람들이 한, 내가 볼 때 80에서 50명. 파업할 때, 한 50명 된다고 보는데 개네들이 전부 다 일을 안 하고 노동조합에 이렇게 같이 몸을 담아 가지고 자기네 기득권 지키겠

---

32 2014년 백종문 미래전략본부장(현 부사장) 등 MBC 고위 간부 3명은 보수 성향의 인터넷 매체 「폴리뷰」 기자들과 두 차례 저녁식사를 가졌다. 이때 백 본부장 등이 발언한 내용이 녹음돼 2016년 초 녹취록의 형태로 공개된 바 있다. 당시 백 본부장은 파업 때 해고된 최승호 PD, 박성제 기자에 대해 "명확한 증거는 없지만 가만 놔두면 안 되겠다 싶어 해고했다"라고 말한 사실이 확인돼 파문을 일으켰다.

다는 사람들이에요. 카메라기자, 아나운서, 영상카메라, 보도국의
일부, 요런 친구들, 교양국에 일부…….33

장기 파업의 여파로 파업 참가자와 불참자 사이에는 깊은 감정적
굴곡이 생겼다. 파업 참가자들은 공정방송을 회복하기 위해 김재철
사장과 보도본부장, 보도국장 등 경영진의 퇴진을 요구하면서, 간부
및 파업 불참자들에게 파업 동참을 요청했다. 그리고 파업 참가자 가
운데 다수는, 이런 요청을 거부한 간부와 파업 불참자들에 대해 '동료
로 인정할 수 없다' '선배로 인정할 수 없다'는 반응과 태도를 나타냈
다. 공정방송을 쟁취하자는 파업 때문에 동료가 해고되고 징계당하는
등 강력히 탄압받는 상황에서, 경영진과 협력하며 자리를 지킨 이들
은 사실상 가해자와 동격으로 볼 수 있기에 기자로 인정할 수 없다는
논리였다.

당시 경영진과 간부 등 파업 불참자들은 파업 자체는 물론 파업 이
후 일부 구성원들이 보인 이런 행동에 대해 보복과 응징의 충동을 느
낀 것으로 보인다.

아마 보도국에 남아 있는 누구나 생각할 거예요. 왜냐면 거의 대
부분의 기자들이 쫓겨난 상황에서 난 남아 있잖아요. 왜 난 남아
있을까 생각을 했죠……. 이거는, 어떻게 보면 부끄러운 것일 수

---

33 문화방송노보 197호, 2016.2.14.

도 있는데, 저는 그런 걸 잘 못해요. 사람 앞에서, 제가 미워하는 사람이어도, 앞에다 대놓고 그런 표현을 잘 못하거든요. 소심해서. 파업 때도 지나가다 만나면 전 인사를 했었거든요. 그들과 대화하고 이런 건 아닌데 그냥 만나면 안녕하세요 인사를 했었어요. 근데 파업 끝나고 나서 그 이후에 한바탕 날아간 사람들의 공통점은, 인사를 제대로 하지 않은 사람들이었어요.

전 그게 솔직히 제가 남아 있는 이유의 거의 90퍼센트인 것 같아요. 일단 내가 인사를 한다는 것이, 저쪽에서 보기엔 어쨌든 쟤는 날 무시하지 않는구나. 나를 적대시하지 않는구나라고 생각했던 것 같아요. 그러다 보니까 그 파업 끝나고 나서 회사 쪽 사람들 보면 다른 거 얘기 안 해요. 다 인사밖에 얘기 안 해요. 그 사람들은 어떤 것보다 모욕적으로 느낀 게 후배가 인사하지 않은 거예요. 그 감정이 지금도 풀리지 않았어요. 되게 깊이 박혀 있어요. 파업 당시 (노조) 특보를 통해서 굉장히 센 표현으로 공격당했던 그런 것들, 후배들이 자기를 기자로 취급도 안 하던 것들, 인사 안 하던 것들. 거기에 대한 감정적 반감이 굉장히 세요.

(M20 인터뷰)

그거 아냐? ○○○(*고위 간부)이 △△△ 선배 되게 좋아했대. 자기가 보기에 일을 열심히 잘했대. 그래서 그 얘길 술자리에서 많이 했는데. 그래서 언제 모 선배가 한번 술 먹다 그랬다는 거야. △

선배 같은 사람 데려다 쓰시라고. 좋은 기억 가진 후배를 단지 강성이라는 이유 하나만으로 계속……. 그러니까 '아 걔는 뭐 그 글 (*사내 인트라넷에 게시한 글을 의미한 듯)로써 마음을 닫았어' 이랬다는 거야.

Q. 무슨 글이요?

그건 나도 모르지. ○○○ 본인도 뭔가 그런 걸(데려다 쓰는 걸) 하고 싶은데 못하는 이유가 있었다는 것 같더라고. 물론 지금은 그때보다 훨씬 더 많이 가버렸지. 그때만 해도 경력기자 많이 안 들어오고 할 때니까. 지금은 모르겠지만. 예를 들어서 리포트를 하겠다 못 하겠다 이런 게 중요하다기보다 니가 내 등에 칼을 꽂았냐 안 꽂았냐 이게 핵심인 것 같애. 나도 리포트 안 하겠다고 저항한 적도 있고 하지만 나는 ○○○ 등에 칼을 꽂진 않았다. 그런 식으로 받아들여지는 것 같애……. '니가 이런 거 하기 싫으면 하지마. 대신 너는 나한테 칼 안 꽂았으니까.' 이런 거 아닐까.

Q. 칼을 안 꽂았다?

그러니까 그게 일종의…… 칼을 꽂았다는 개념이 뭐냐면, 예를 들면 □□□, ◇◇◇ 같은 사람들(*특정인 거명)에 대한 느낌이야.

○○○ 입장에선 되게 아꼈다고 생각했는데, 파업할 때 얘한테 배신당했다는 생각을 갖게 된 것 같더라고. 거기에 대해서 그게 아니라는 식으로 이야기를 하면 약간 정색을 하는 측면이 있더라. '내가 그렇게 너희들 아꼈는데, 왜 니들은 나한테 해코지하려고 다니냐……'

(M26 인터뷰)

버려도
무방하기 때문에

또 다른 이유, MBC 경영진이 파업 참가 기자 다수를 본업에서 배제한 이유는 경영진이 희망하는 뉴스를 생산해 가는 데 더 이상 이런 기자들이 필요하지 않게 됐다는 것이다. 경영진이 원하는 편집 방향으로 뉴스를 제작하는 데서, 그룹3부터 그룹6에 해당하는 기자들은 불필요하다고 판단됐다는 것이다. 실제로 노성철과 정선욱(2016)이 인터뷰한 경영진 간부의 말을 보면 이런 경향이 실재했음을 확인할 수 있다.

조직 내부에 과연 선뜻 방송을 맡겨도 될 것인지 우려스러운 사람들이 있습니다. 그들의 능력에 대한 우려는 아니고요. 이런 거죠.

만약 그들이 기자인데, 뉴스에서 리포트를 하고 있다고 가정합시다. 생방송을 하고 있어요. 방송이라는 건 일단 한번 온에어(on-air)가 되면 되돌릴 수가 없습니다. 그런데 거기서 자기가 하고 싶은 이야기를 해 버릴 것 같은 사람들이 있어요. 파업 이전에는 어떤 사람들이 그럴지 분명하지 않았는데, 파업 이후 선명하게 파악하게 됐습니다. 파업이라는 극단적인 상황을 겪으면서 말이죠.[34]

어떤 기자에게 뉴스 생산 업무를 맡길 것인가? 그리고 누구를 배제할 것인가? 위 인터뷰를 통해 그 기준의 일단이 드러나고 있다. 우선 해당 기자의 능력이나 경력 같은 요소는 크게 중요하지 않았다. 특종을 많이 했고, 특정 분야에 지식과 전문성이 깊고, 다큐멘터리를 잘 제작하고는 중요하지 않았다. 아무리 기자로서 뛰어나더라도, '자기가 하고 싶은 이야기를 해 버릴 것' 같은 사람이라면 중용하기 곤란했다는 이야기다.

경영진이 눈여겨본 것은 '정치적으로 통제가 가능한지' 여부였던 것으로 보인다. 즉 경영진의 업무 지시를 별다른 거부감 표현 없이 수용할 것으로 보이는 기자, 경영진의 입장에서 말썽을 일으키지 않을 것 같은 기자 등 '통제가 가능하다'고 신뢰할 만한 기자에게 뉴스 생산 업무를 맡겼다고 봐도 과언이 아니라는 이야기다.

이렇게 볼 때 파업에 적극 참여하며 경영진과 갈등하고 대립한 기

---

34 주 12와 같은 논문.

자, 또 능력과 전문성을 가졌더라도 정치적 통제가 여의치 않을 것 같은 기자는 경영진의 입장에서 보면 불필요한 기자가 된다. 즉 '**잉여**적 기자'인 것이다.

잉여란 무엇인가? 지그문트 바우만(2008)에 의하면 잉여란 '여분, 불필요함, 무용함'을 의미한다. 잉여로 규정됐다는 것은 버려져도 무방했기 때문에 버려졌다는 뜻이다. 그리고 잉여라는 개념은 '불량품, 폐기품, 쓰레기'라는 단어와 의미론상의 공간을 공유하고 있다.[35]

바우만은 오늘날 잉여로 분류된 사람들이 처한 상황은 고도성장시기의 '실업자'나 '노동예비군'으로 분류된 이들이 처한 상황과 의미론적으로 전혀 다르다고 말한다. 가령 실업은 영어로 unemployment로 쓰이는데, 이 단어는 고용을 의미하는 employment라는 단어에 부정적 의미의 접두사인 un-이 붙어 구성된 단어다. 이때 이 단어의 중심적 의미는 un-에 있다기보다는 employment에 있다고 보는 것이 타당하다는 게 바우만의 해석이다. 다시 말해 고용(employment)이라는 단어가 정상적이고 일반적인 상황을 의미하며, 그 정상성과 일반성이 잠시 뒤틀리거나 비껴감으로 인해 형성된 상태가 실업(unemployment)이라는 것이다. 노동예비군이라는 단어 역시 마찬가지다.

따라서 실업자나 노동예비군이라는 단어에는 현재 이들이 처한 상

---

35 지그문트 바우만, 2008, 『쓰레기가 되는 삶들: 모더니티와 그 추방자들』, 정일준 옮김, 새물결.

태가 일시적이며, 머지않아 이들 존재가 언젠가 노동 현장으로 복귀한다는 것을 내포하고 있다. 그러나 잉여, 즉 쓰레기는 전혀 다르다. 이들은 필요가 없기 때문에 '버려진' 존재다. 쓰레기는 원래 있던 곳으로 되돌아갈 수 없다. 쓰레기가 갈 곳은 쓰레기장뿐이다. 우리가 흔히 일상생활에서 쓰레기를 취급하는 자신의 태도를 떠올려 보면 될 것이다. 대부분의 쓰레기는 종량제 봉투에 담겨 버려지며, 이들이 가는 곳은 소각장 혹은 매립장이다. 태워져 재와 연기가 되거나 묻힌 상태로 썩어 침출수만 남기고 없어지거나 둘 중 하나가 '쓰레기'의 운명이다. 재활용쓰레기나 음식물쓰레기 역시 일부가 다른 용도로 재처리될 수 있지만 원래 용도로 되돌아갈 수는 없다.

버려진 존재라는
의미

바우만이 촉발한 잉여 담론은 최근 청년 문제나 실업 문제 등 여러 사회 문제를 해석하는 데 기여하고 있다. 오늘날 후기 자본주의 시대를 살아가는 예비 노동 인력들은 제조업 중심의 고도성장 산업화 시대와는 달리 갈 곳도 돌아갈 곳도 없다는 것이다. 산업화 시대에선 일시적 노동 공급 과잉에 의한 실업 현상이 발생할 수 있었고, 이때 '실업'은 어떤 비정상적 상태, 잠깐 건강하지 않게 된 상태 등을 의미했다. 그

잉여와 도구

러나 현재 '잉여'가 갖는 의미론은 전혀 다르다. 잉여는 그런 상태가 일상적이라는 것을 암시하며, 나아가 영원할 것이라고 속삭이고 있다.[36]

파업 이후 잉여로 분류된 MBC 기자들 역시 마찬가지다. 이들은 본업인 취재 보도 업무로 돌아가지 못하고 있으며, '배제된' 상태가 일상적이다. 따라서 경영진에게 불필요하고 무용하다고 간주돼 '버려진' 것이라고 보는 게 정확하다. 이들 각자가 기른 능력과 경력, 전문성은 경영진에 의해 '없어도 무방하다'고 판단된 것이다. 만약 그렇지 않았다면 이들을 파업 이후 이렇게 오랫동안 내버려두지는 않았을 것이다.

기약 없이 사람 밖으로 쫓아내고 바보로 만들어 놓고 시간을 보내니까……. 좀, 그게 답답하더라고요. 처음에는 이게 그렇게 장기화될까, 회사가 어떤 전략을 취하는 건지도 잘 모르겠고. 그냥 몇 개월 벌서다가 들어오라고 하는 건지 아예 기자를 못 하게 밖으로 돌리는 건지 처음에는 그게 감이 안 와서 잘 몰랐는데. 해가 바뀌고 6개월이 넘어가고 하는데 인사가 날 기미도 보이지 않고, 보도국 내 상황은 시용 경력을 데리고 있는 그들의 친정 체계가 굉장히 강력해졌고. 그래서 아 저기에는 내 자리가 없구나 하는 생각이 들었어요. 여름쯤부터 확실하게 들었어요. 보도국엔 내 자리가 없어졌다는 인식.

(M12 인터뷰)

---

36 같은 책.

블랙리스트와
'유휴' 인력

이와 같이 MBC 경영진이 파업에 적극 참여하거나 정치적 통제가 여의치 않을 것 같은 구성원들에 대해 보복성 인사 조치를 수행하고, 이후에도 이들을 '잉여'로 분류해 현업에서 지속적으로 배제해 왔다는 사실은 최근 MBC 노조가 폭로한 자료들을 통해 분명하게 확인되었다.

우선 카메라기자 블랙리스트 문건이다. 2013년 7월 작성된 것으로 확인된 이 문건은 두 가지 제목으로 돼 있는데, 하나는 '카메라기자 성향 분석표'이고 다른 하나는 '요주의 인물 성향'이다. 먼저 카메라기자 성향 분석표라는 문건은 MBC의 카메라기자들을 충성도와 순응도에 따라 ☆☆, ○, △, × 등 네 개 등급으로 분류해 도표 형식으로 기록해 두고 있었다.

☆☆ 등급에는 카메라기자 6명의 이름이 기록돼 있었다. '회사의 정책에 충성도를 가진 이들'로 분류됐다. 다음으로 ○ 그룹에는 19명의 이름이 적시됐다. '회사 정책에 순응도는 높지만 구체적 변화 마인드가 부족한 이들'로 규정됐다. △ 그룹에는 가장 많은 28명이 기록됐는데, 이들은 '언론노조 영향력에 있는 회색분자들'로 정의됐다. 마지막으로 × 그룹에는 12명의 카메라기자가 적혀 있었으며, 이들에게는 '지난 파업의 주동 계층으로 현 체제 붕괴를 원하는 이들'이라는 낙인

잉여와 도구

분류기준	
☆☆	회사의 정책에 충성도를 갖고 있고 향후 보도영상구조 개선과 관련(영상 취재pd 등 구조관련) 합리적 개선안 관련 마인드를 갖고 있는 이들
○	회사의 정책에 순응도는 높지만 기존의 카메라기자 시스템의 고수만을 내세우는 등 구체적 마인드를 갖고 있지 못한 이들
△	언론노조 영향력에 있는 회색분자들
×	지난 파업의 주동계층으로 현체제 붕괴를 원하는 이들

카메라기자 성향분석표 (출처: 문화방송노보 229호)

이 새겨져 있었다.

요주의 인물 성향 분석표는 좀 더 노골적이다. ○, △, × 등급으로 분류한 기자들 일부에 대해 적나라한 품평을 적시했다. 주로 정치적 성향과 회사 정책에 대한 충성도, 노조와의 관계 등에 대해 언급하고 있는데, 한편으로는 '게으르다', '영향력 제로', '무능함' 등 인신공격성 평가를 매기는 것도 망설이지 않고 있었다.

특히 현 체제 붕괴를 원하는 이들로 분류한 × 등급의 경우는 12명의 기자 전원에 대한 평가가 적시돼 있었다. 가령 '2010년도 노조 부위원장 출신으로 극 강성 인력. 2012년 파업에도 적극 가담했을 뿐 아니라 파업 이후에는 언론노조 전임자를 지원하는 등 요 관찰 대상, 추후 격리 필요'와 같은 식이다. 또 '현재 노조의 강경책을 그대로 카메라기자들에게 전달하고 있는 주요 관찰 대상', '노조원들의 정신적 중심으로 추후 보도국 이외로 방출 필요'와 같은 평가가 매겨지기도 했다.

일반 회사에서 직원을 판단할 때 쓰는 말이 아니다. 독재 정권에서 노동조합을 간첩으로 엮을 때나 나오던 말이다. 박근혜 정권만 1970~1980년대로 돌아갔던 것이 아니다. MBC도 거꾸로 가고 있었다. 땡전뉴스, 유신방송으로 회귀하고 있었다. - × 부류 기자의 인터뷰[37]

평가에 사용된 단어를 중심으로 좀 더 분석해 봤다. 블랙리스트 문건에서 × 등급 기자들을 평가하면서 사용한 단어 가운데 가장 많이 쓴 것은 파업(18회)이었다. 그다음은 노조(12회)였으며, 성명서(7회), 강경책(7회), 영상기자회(5회), 강성(3회), 부위원장(2회) 등의 순이었다. 노조와 기자회 등 조직 활동을 열심히 한 기자, 또 스타일과 성향이 강성이고 강경하다고 판단된 기자를 × 등급으로 분류한 것이다. 이 글에서 '파업 참여에 대한 경영진의 응징 및 보복 차원'에서 잉여적 기자들이 대거 발생했다고 분석한 것과 거의 같은 맥락이다.

이와 함께 노조가 입수해 폭로한 2017년 2월의 자료, '사장 면접 속기록' 역시 지난 몇 년간 MBC에서 잉여적 주체들이 대거 발생한 배경을 선명하게 설명해 주고 있다. 속기록을 보면 고영주 방송문화진흥회 이사장은 MBC 사장 면접 과정에서 일부 노조원들을 '유휴 인

---

37 미디어오늘, 2017.8.14, "'방출 필요" × 부류 카메라기자들이 말하는 MBC 블랙리스트", http://www.mediatoday.co.kr/?mod=news&act=articleView&idxno=138386

력', '잔여 인력'이라고 표현하며 이들을 현업에서 배제할 수 있는 방
안을 집요하게 질문했다. "우리가 믿고 맡길 수 없는 사람들이 굉장히
많은 것으로 듣고 있다"며 "앵커로도 안 내세우고, 중요한 리포트도
안 시키고 그렇게 할 만한 여력이나 방법이 있냐"라고 물은 것이다.

고영주 이사장: 우리가 믿고 맡길 수 없는 사람들이 굉장히 많은
것으로 듣고 있는데……. (중략) 그러면 잔여 인력을 활용할 수 있
는 분야가 많이 있습니까?
권재홍 후보자(당시 부사장): 제가 부사장하면서 가장 많이 고민했
던 부분이 그 부분입니다. 도저히 보도 쪽에는 쓸 수 없는데 그렇
다면 어디로 보낼 것인가? 그래서 뉴미디어포맷개발센터로 보내
고…….
고영주 이사장: 그 유휴 인력들을 해고할 수도 없고 원로원처럼
모셔 놓을 수도 없고…….
권재홍 후보자: 그래서 지금까지 그런 유휴 인력들을 경인지사라
고 있는데 거기에 많이 보내 놓았고 다른 부분에도 많이 보냈습니
다. (중략) 그런 자리는 충분히 더 만들어갈 수 있습니다.[38]

뒤늦게 드러났지만 실제로 경영진 사이에서는 '잉여'와 유사한 의
미의 단어가 일상적으로 사용되고 있던 것이다. 이것은 파업 참가 인

---

38 문화방송노보 230호, 2017.8.16.

력에 대한 업무 배제가 경영진의 입장에선 보복과 응징의 차원을 넘어선 것이었음을, 본질적으로 이들 인력 자체를 신뢰할 수 없으며 따라서 '무용하다'고 간주하고 영구히 배제하고자 했던 기획이었음을 확실히 증명하고 있다.

노조는 명백한 부당노동행위로 규정하고 관련자들을 검찰에 고소했다..또 이와 관련해 특별근로감독을 실시해 온 고용노동부는 2017년 8월 현재 '기소 의견'으로 관련자들을 검찰에 송치할 예정이다. 이들이 법적인 처벌을 받을 가능성은 낮지 않아 보인다.

잉여적 기자의 경험과
감정 구조

모멸감에 이은
공포

Q. 파업 끝나고, 보도국을 벗어난 건 처음이었을 텐데, 어떤 심정이었나요?

입사 후엔 처음이었죠. 처음엔 약간 띵했죠. 이게 뭐지? 좀 답답했죠. 이런 식으로 되는 건가? 그런데 저만이 아니더라고요. 되게 많은 사람들이 그런 식으로 인사 조치가 됐고 그래서 자연스럽게 받아들였고 곧 돌아갈 것이다라고 생각했던 것 같아요. 오히려 그때는. 이렇게 길어질 거라고는 예상 못했죠.

Q. 그러면 그렇게 뭐 힘들다거나 하지는 않았던?

힘들었죠. 힘이 안 들 순 없었죠. 뭔가……. 어쨌든 나뉘었잖아요. 그때만 해도 서로가 끈끈한 동지 의식이 있었던 것 같은데, 그때 당시만 해도. 또 제가 기자로 입사해서 리포트를 하는 것과 아예 하지 말라고 보도국 밖에 있는 건 차이가 있으니까……. 그전(*2012년 이전)에도 파업은 했지만 이런 식의 조치는 한 번도 없었잖아요.

(M03 인터뷰)

잉여라는 통보가 이들 기자에게 불러일으킨 감정은 우선적으로 당혹감과 황당함 같은 심리적 충격이었다. 그리고 이들은 실제 노동 현장에서 잉여를 경험하면서 분노를 본격 체감하기 시작했다. 뉴스조직에서 배제되었다는 사실 자체의 충격이 가시지 않았는데, 이후 징계, 교육, 낯설고 생경한 노동 등과 같은 상황을 현실로 경험하게 되자 거기서 비롯된 소외감과 불안감까지 더해졌기 때문이었다.

이 정권(*이명박 정권을 의미)에서는 힘든 상황이구나, 안 되겠구나……. 약간의 체념 비슷한 게 있었나. 그런 기분이 약간 있었고, 드디어 내 인생에 이런 일도 한번 해 보는구나. 사업 하라는 데 가고 교육도 받아보고, 한 번도 상상을 안 해 봤던. 옛날에 이런 일

잉여와 도구

당하면 회사 나가는 거지. 그런 것 같은데 이제 나이를 먹어서 그런지 체념이 있었던 것 같아.

Q. 마음을 어떻게 다스리셨나요?

마음이 안 다스려졌어. (웃음) 이를 그때 다쳤어. 자면서 이를 하도 악물었나 봐. 그래서 이 안쪽에 크랙(crack)들이 생기기 시작해 갖고. 그걸 어떻게 아냐면 새벽 두세 시쯤 깨, 항상. 그러면 담배를 피우다 보면 생각이 나는데, 그리고 꿈이 이어져. 회사 사람들 나타나고 그런 꿈들이 이어지고……. 내가 참을 수 없었던 뭔가가 있었던 것 같아.

(M08 인터뷰)

징계 먹고 있을 때 일인데, 하루는 안방에서 술 이빠이 때려 먹고 안방에서 잠자고 있는데 누가 오셔 갖고 하는 말이 들리더라고. 아마 나한테 안 들리리라 생각하시고 하신 말씀 같은데, 딱 워딩이 그거였어. 재는 언제까지 저러고 있는 대니? 그게 하나가 있었고. 우리 어머니도 너는 왜 파업 때 앞장서 가지고 뉴스도 못 하고……. 그래, 속상해서 하신 말씀들이지. 그런데 이런 말씀들을 들으니까, 한편으로는 과연 나랑 가장 가까운 사람들도 설득하지 못한, 이해시키지 못한 파업은 과연 무엇을 위한 파업이었나 고민

했던 것 같애. 내가 이렇게 고통을 겪는 건 과연 무엇을 위한 것이
었나…….

그러고 있는데, 내가 아이한테 별 것도 아닌 걸 가지고 버럭 짜증
을 내고 있는 거야. 그런 모습을 내가 보고 어 왜 이러지? 속으로
왜 이러지라는 생각이 드는 거야. 병원에 갔지. 병원에 가서 혼자
길게 얘길 했던 것 같애. 처음 보는 정신과 의사한테. 마일드한 우
울증이다. 심각한 수준은 아니고 마일드한 우울증입니다 해서 처
방약 받고. 그때……가 좀 힘들었어.

(M17 인터뷰)

특히 뉴스 조직에서 배제된 수준을 넘어 아예 'MBC에서 배제된'
해직자들 역시 파업 종료 이후 새로운 심리적 경험을 하기 시작했다.
파업 기간 경영진이 단행한 해고라는 조치가 이들에게 준 충격은 물
론 컸지만, 그래도 파업이 진행되고 있는 동안에는 지낼 만했다는 것
이 이들의 술회다. 그런데 파업이 끝나고 동료들이 (뉴스조직이든 그렇
지 않든) 일터로 복귀하자, 이들은 '갈 곳이 없는' 자신들의 처지를 보
다 확실히 실감하게 되었다.

그즈음 나에게는 해고의 후유증이 서서히 밀려오고 있었다. 회사에
서 연락이 왔다. 전화를 건 젊은 직원이 쭈뼛쭈뼛 용건을 꺼냈다.
"박 부장님, 죄송합니다. 스마트폰하고 노트북을 반납하셔야 되겠

습니다."

"반납하라고요? 정년퇴직하는 선배들은 전화랑 노트북 그냥 가지고 나오던데."

"퇴직하는 직원은 그냥 드리지만 해고된 직원은 반납해야 합니다. 정말 죄송합니다. 회사 규정이라서요. 곧 복직되실 테니 그때는 더 좋은 최신형으로 바꿔 드릴게요." 씁쓸하지만 웃음이 나왔다. 그래, 규정이라는데 어쩌겠나.

해고됐어도 파업이 계속되고 있던 동안에는 지낼 만했다. 다른 동료들도 일을 안 하는 건 마찬가지니까. 파업이 종료되고 동료들이 업무에 복귀하면서 고민이 시작됐다. 돌아갈 사무실이 없었다. 처음에는 최승호, 박성호 두 사람과 함께 노조 사무실을 들락거리며 시간을 보냈다. 그것도 며칠이 지나자 마음이 편치 않았다. 지나가는 선후배들마다 '힘내라'고 위로의 말을 던지는데 왠지 그 말이 어색하게만 들렸다. 아마 위로하는 쪽도 '힘내라'는 말 외엔 적당한 단어가 생각나지 않았으리라. 그래서 노조 사무실을 맴도는 것도 그만두기로 결심했다. 뭔가를 해야만 했다. 남아도는 시간을 때워야만 했다.[39]

나는 이런 복합적 감정들을 관통하는 핵심은 '모멸감'이라고 생각

---

39 박성제, 2014, 『어쩌다 보니 그러다 보니』, 푸른숲.

한다. 김찬호(2016)에 따르면 인간이라는 존재는 목숨을 부지하는 것 이상의 그 무엇을 원하는데, 그것은 바로 존재감이다. 인간은 자기 가치를 스스로 인식하고 타인에게 인정받으면서 살아 있음을 느낀다. 이때 존재 가치를 인식하는 길은 여러 갈래인데, 사회적 헌신, 일에서의 성취, 인간관계 구축, 지배력의 확대, 재력의 획득 및 과시, 고결한 정신세계 구현 등 다양하다.[40]

잉여로 분류된 MBC 기자들은 그 이전까지 기자로서 취재보도 업무를 해 오면서 각자가 지향하는 저널리즘의 구현, 일에서의 성취, 공익에 기여해 왔다고 자평하고 타인들의 인정을 확인하면서 스스로 존재감을 확인해 온 이들이었다. 그러나 이들은 파업 이후 자신들의 존재감을 구성해 주던 발판인 '기자로서의 노동'을 잃어버리게 되었다. 그에 따라 회사와 사회라는 공적 영역에서 자신의 존재감을 확인하기란 대단히 어려운 일이 되었다. 이것은 자신들의 사회적 가치가 하락했다는 것을 의미하며, 사회적 가치가 하락한다는 것은 자신이 더 이상 사회에 필요하지 않은 무가치한 존재가 되었다는 것을 뜻한다. 이럴 때 사람들이 느끼는 감정은 모멸감이다.[41]

신천교육대 있을 때 특히 그랬는데, 뭐냐면 사람을 잘 안 만나게 됐어요. 왜냐면 난 괜찮지가 않거든. 절대 괜찮을 수가 없지. 괜찮

---

40 김찬호, 2016, 『모멸감: 굴욕과 존엄의 감정사회학』, 문학과지성사.
41 김태형, 2016, 『불안증폭사회: 벼랑 끝 한국인의 새로운 희망 찾기』, 위즈덤하우스.

잉여와 도구

지가 않은데, 사람을 만나면 괜찮은 척해야 되잖아. 사실 그때 제일 힘들었던 게 괜찮지 않은데 괜찮은 척해야 한다는 거였어요. 심지어 가족한테조차. 내가 담담하게 보여야 가족들도 괜찮을 것 아니에요. 내가 진상 짓을 부릴 수가 없잖아.

Q. 안 괜찮으셨다면 어떤 점이 안 괜찮으셨던 거예요?

어쨌든…… 우리 집이 ○○○(*수도권의 특정 지역)인데 거기서 신천까지 오는 것도 여행이야. 그렇게 와서 듣는 강의가, 진짜 허접한 그런 강의를 들으러 안 좋은 몸을 이끌고……. 그해 겨울에 또 엄청 추웠는데 와서 보면 이런 강의 듣고 있으면 되게 한심스럽기도 하고 눈물 나기도 하고. 그런 감정 소모가 되게 힘들었지.
그리고 막 염세적이라, 그래야 될까 그런 생각도 많이 들고. 그렇다고 해서 야 다 죽자 이럴 수도 없는 상황이잖아. 그런 상황들이 너무 안 괜찮았지. 그리고 나만 그런 건 아니었던 것 같은데, 그 당시 악몽이 인사 나는 꿈이었어요. 거기래, 이런 식의. 어딘지는 모르겠는데 이상한 창고로 가든지 이런 식. 갔는데 아무 책상이 없어.

Q. 인사에 대한 불안감이나 트라우마가 있으셨던 건지?

그렇다고 생각해요. 솔직히 인사 나는 것 자체보다는 인사가 나고 나서 이후 일련의 과정이 사람을 이렇게 끝에 모니까. 그걸 겪어 봤으니까. 딱 눈을 떴는데 아 침대에서 눈을 떴는데 오늘도 그 길을 가야 되는구나. 기차를 타고 가서 할 일 없이 앉아 있는 일을 해야 되는구나. 가서 뭘 해야 되지? 난 누군가 여긴 어딘가 하는 느낌을 겪어 봤으니까.

(M15 인터뷰)

젤 힘들었을 때는 ○○○(*부서명)에…… 여기(*인터뷰 장소인 회의실)의 1/3 정도 되는 공간의 골방에 혼자 앉아 있었거든요. 창고 같이 쓰던 곳에 책상 놓고. 당연히 일도 없고, 점심 약속도 거의 없고. 그런데 근태 체크는 하니까 사무실에는 나와야 됐었고. 그때 임신을 했는데, 본사 건물 근처에 가지를 못하겠는 거예요. 배가 이렇게 불렀는데 혼자 걸어 다니는 모습을 본사 안에 있는 사람들이 보면 어떨까 싶기도 하고. 점심을 먹어야 되는데 혼자 점심 먹는 걸 누구한테도 들키고 싶지 않은 거예요. 그래서 빵 같은 걸 사다가 골방 안에서 먹고. 애한테 미안하고. 제대로 된 밥을 먹어야 될 거 같은데. 근데 그래서 우울한 마음에 눈물이 날 거 같으면 또 울면 애한테 안 좋을 것 같아서 울지도 못하겠고…….

(M25 인터뷰)

각각의 '모멸감'은 확대 재생산되고 접합되면서 결국 '공포'로 귀결

잉여와 도구

되었다. 잉여적 기자들이 노동 현장에서 겪은 모멸적 상황은 기자 개개인에게 적지 않은 심리적 외상을 남겼으며, 이는 이들로 하여금 다시는 이런 모멸적 상황을 겪고 싶지 않고 또 그런 상황을 떠올리기만 하더라도 두려운 마음이 들게끔 하는 집단적 공포감을 형성하기에 이른 것이다.

그래도 비인격적 인사관리의 '형성기', 즉 파업 종료 이후부터 박근혜 후보가 당선된 18대 대통령 선거 직후까지의 시기를 보면 이런 공포는 개별적이라기보다는 집합적이었다. 또 공포에서 파생된 분노도 비교적 경영진을 향해 외사(外射, extroject)되는 경향이 있었다.

그 이유는 노조가 파업을 종료하면서 '정치권에서 김재철 사장 퇴진에 대한 약속을 받았다'라는 명분을 제시했던 데서 기인한 것으로 보인다. 물론 그 약속이 합의문과 같은 형태로 명확하게 적시된 건 아니었지만, 파업 참가자들은 노조의 설명을 어느 정도 수용하면서 실제로 어느 정도 김 사장 퇴진에 대한 기대감을 가졌던 것이다.

다시 말해 이 시기는 이런 기대감 속에 파업 참가자들의 열기가 상당 부분 남아 있던 시기다. 더구나 18대 대통령 선거를 목전에 둔 때이기도 했다. 즉 노조원들 입장에서는 아직 파업이 명확히 '패배했다'고 볼 만한 상황이 아니었던 것이다. 따라서 잉여로 분류된 현 상황은 곧 종료될 것이라는 희망이 있었고, 그 상황이 빨리 오게 하기 위해서라도 경영진을 향해 소송, 피케팅, 성명서 등 자신들의 분노를 외사하는 행동을 해야 한다고 이들은 생각했던 것으로 보인다.

Q. 파업 이후 자신의 심리 상태는 어땠던 것으로 기억하나요?

파업 종료 이후에? 그때 대선이 있었으니까 일말의 기대가 있었지. 대선도 있는데 이대로 계속 가랴. 그게 이제 신천교육대에 있었던 대다수의 생각이었지. 분위기가 나쁘지도 않았어. 그러니까 이제 희망이 있었지. 이게 그렇게 오래 가지 않을 수도 있다는 생각이 있었지.

Q. 선거 이후에는요?

이제 완전한 깜깜함. (웃음) 너도 잘 알 거 아냐.

(M10 인터뷰)

고통의
개인화

    2012년 12월 치러진 18대 대통령 선거에서 박근혜 새누리당 후보가 당선됐다. 장기 파업 패배의 후폭풍을 온몸으로 겪고 있던 MBC

잉여와 도구

파업 참가자들에게 반가운 소식은 분명 아니었다.

그런데 대선 이후 MBC 경영진의 비인격적 인사관리 기조는 예상밖의 조정기를 겪게 되었다. 이듬해인 2013년 3월 김재철 사장이 갑작스럽게 해임됐고(주 22번 참조), 노조의 부당전보 취소 가처분 신청을 법원이 인용하면서 잉여 상태로 배제됐던 구성원들이 본업으로 돌아갈 수 있게 된 것이다. 그렇게 이들이 본업으로 되돌아간 기간은 약 1년 안팎이었다.

그러나 2014년 초, 김재철 사장 재임 당시 부사장과 인사위원회 위원장을 지냈던 안광한 사장의 부임과 함께 MBC 경영진은 본업에 복귀해 있던 구성원들 다수를 다시금 외부로 내보냈다. 또 해직자들에 대한 1심 법원의 복직 판결을 따르지 않았으며, 노조원 신분을 유지한다는 이유로 보직부장을 평사원으로 발령하는 등 비인격적 인사관리 기조를 본격적으로 재가동했다. 나는 앞 장에서 이 시기를 비인격적 인사관리의 '재강화기'라고 명명한 바 있는데, 파업 직후 잉여로의 호명과 그로 인한 모멸감 및 공포를 경험했던 기자들에게 이와 같이 재발한 문제 상황은 훨씬 심각한 의미로 다가왔다.

Q. 파업 이후 본인에게 가장 충격으로 다가왔던 인사가 있었다면 어떤 건가요?

제일 쇼킹했던 건 아무래도 그때(2014년) 갑작스럽게 ○○○(*부서명)로 빠진 거죠. 이건 정말 찍혀서 나가는 거라고 볼 수밖에 없는 거잖아요. 그건 대규모가 아니고 소규모잖아요. 그즈음부터 그런 식으로 한두 명씩 찔끔 쫓겨나는 게 시작됐잖아요.

파업 직후에는 여러 명이 쫓겨나고 여러 명이 복귀하고 그랬으니까 그래도 우리가 같이 뭘 하고 있다, 같이 피해를 당하고 같이 버틴다는 느낌이 있었는데 그런 식으로 조금씩 공격이 들어오기 시작하니까 아 이건 좀 심적으로 무너지더라고요. 처음에는……. 나 혼자 버텨내야 될 문제가 된 것 같고. 물론 그 시기에도 밖에 계시던 선배들이 있었지만 서로 여기저기 파편화돼서 흩어지기 시작됐고 그때부터…… 이제 회사가 저에게 한 이런 인사 조치나 징계들이 올곧이 우리의 문제가 아닌 나의 문제가 되는 것 같고. 그때부턴 짐작도 안 되더라고요. 이게 언제까지 갈지. 벌써 2년 반이나 됐잖아요.

(M03 인터뷰)

이렇게 2014년 이후 본격 재가동된 경영진의 비인격적 인사관리는, 본질적으로 파업 직후의 그것과 유사하긴 했지만 또 다른 특징이 존재했다. 이것은 세 가지 차원으로 정리할 수 있는데, 우선 첫째는 '당사자가 인사 발령의 이유를 명확히 알 수 없다'는 것이었다. 파업 종료 이후 2년 가까이 지난 시점이어서 파업에 대한 보복이라고 단정하기가 애매해졌다. 분명히 어떤 이유가 있을 텐데, 당사자들로선 분명히 파악하기 쉽지 않았다. 누가 그 이유를 설명해 주는 것도 아니었다.

잉여라는 호명은 사실상 기자에게 사망 선고나 마찬가지였다. 이때 죽음을 애도하고 그 애도의 힘을 바탕으로 제한적으로나마 삶에 복귀하려면, 최소한 죽음의 이유를 알아야 했다. 그러나 그 이유를 알 수 없었다.

그날 퇴근을 좀 일찍 했어요. 집에서 6시쯤? 핸드폰으로 인사발령을 봤는데, 싸한 느낌이 들었어요. 생각보다 명단이 많다? 처음 보는 부서들이 생겼네? 왠지, 직감적으로 제 이름이 들어가 있을 것 같은 거예요. 전혀 몰랐죠. 페이지가 여러 장이었는데, 마지막 페이지에 제 이름이 있었어요. 지금 처음 얘기하는 건데, 집에 있으면서 저도 모르게 눈물이 났어요. 아 결국 이렇게 됐구나……. 핸드폰으로 보고 있는 동안 선배 몇몇 후배 몇몇이 연락이 왔었는데, 후배 1명은, 전 그때까진 괜찮았던 것 같은데 걔가 오히려 울더라고요. 선배가 왜 쫓겨나냐 이러면서……. 걔 때문에 더 그랬던 것 같긴 한데 그날은 생생하게 기억이 나요. 이제 어떻게 되는 건가. 여러 생각이 들더라고요. 먼저 나갔던 선배나 후배들 생각도 나고. 지금껏 일한다는 핑계로 전혀 챙기지도 못했는데……. 이런 것도 있었고, 내가 잘 버틸 수 있을까. 여러 생각이 들었던 날이었죠.

(M24 인터뷰)

Q. 본인도 그때 ○○○ (으)로 인사가 났는데, 예상을 했었나요?

아니요 전혀 예상을 못 했어요. 그때 기사를 쓰고 있다가 방이 붙었어요(*인사 발령이 났다는 의미). 저녁에 한참 기사를 쓰고 있는데 갑자기 방이 붙었고, 6시에 갑자기 뉴스시스템에서 로그아웃이 된 거예요. 그날 바로 튕겼어요.

Q. 인사의 배경 설명을 누가 해 줬다거나?

아무도 없었어요. 부장도 모른다고 하고. 국장을 마주쳤는데 저랑 눈도 안 마주치고 인사도 하지 않고. 뭔가 한 마디라도 할 줄 알았거든요. 자기도 몰랐다든지 갑자기 이렇게 됐다든지……. 근데 눈도 안 마주치고 재빨리 지나가더라고요. 그래서 뭐, 설명을 요구하기도 좀 그렇고. 이미 이유 없는 인사가 많았을 때여서.

Q. 그때 심정이 기억나나요?

엄청 충격 받았죠. 엄청 충격 받아 가지고……. 너무 당황해서 뉴스시스템에서 튕기고 너무 황당해서 한두 시간 동안 공황 상태 빠져서 기사 못 썼죠. 알아볼 데도 없고. 본부장한테 전화해서 왜 이러셨어요 물어볼 수도 없고. 너무 벙쪄 갖고 있다가 빨리 기사 쓰

잉여와 도구

고, 오디오 읽었는데 편집하면서 들어 보니까 그냥 울면서 읽은 거예요. 너무 침울하게⋯⋯. 울면서 읽은 것처럼 돼 있어 가지고 (웃음) 나가서 밥을 먹고 오디오를 다시 힘차게 읽고 마지막 편집을 해놓고 퇴근을 했죠.

Q. 그리고 다음 날 새 부서로?

임시 사무실이었어요. 일단 출근을 했는데 비어 있는 공간에 책상 급하게 넣고 이런 식으로 준비하고 있더라고요. 오후 몇 시까지 오라고 해서, 다시 돌아와서 짐을 싸고, 점심을 먹었죠. 이전 부서 사람들이랑 한 마디 하라고 해서 얘기하는데 막 울컥해 가지고⋯⋯. 그래도 그땐 안 울었는데 나중에 짐 싸서 나오는데 눈물이 나더라고요. 박스에 싸 가지고 들고 나올 때 진짜 막 눈물이 나오더라고요. 모르겠어요, 서러웠는지. 혼자 가지 말라고 사람들이 짐 들어주고 주차장까지 같이 와 줬거든요? 근데 막 엘리베이터를 타고 가는데 그렇게 눈물이 나더라고요⋯⋯. (침묵) 그랬었어요.

(M12 인터뷰)

'원인을 알 수 없이' 잉여로 호명돼 뉴스의 외부로 배제된 기자는 "내가 왜 이렇게 되었는가" 자문하게 된다. '내가 너무 말을 안 들었나?' '좌빨로 분류되고 있나?' '너무 노조스러운 이미지인가?' 같은 질문을 스스로에게 던지며 자연스럽게 자기 검열 기제를 작동시키는 것이다.

이 같은 기제는 향후 해당 기자가 자신의 실천 범위를 결정하는 데있어 일종의 조건으로 작동한다. 여기서 더 경영진에 찍히면, 보다 원거리 부서 혹은 징계 등과 같이 '더 열악한 상태의 잉여'로 분류될 가능성이 있으므로 그런 상태까지는 되지 않도록 스스로 검열하게 된다는 것이다.

또한 이 시기 경영진의 잉여 호명에서 나타난 두 번째 특징은, 대규모가 아닌 소규모로 이뤄지는 경향이 있었다는 점이다. 파업 직후에는 파업 참가자 수십 명을 대상으로 대기 발령이나 교육 등의 조치를 취했지만, 2014년 이후에는 비슷한 성격의 인사임에도 인사 대상의규모를 줄이는 대신 빈도를 늘리는 추세가 뚜렷했다. 이에 따라 집단의 충격이 줄어든 대신 개인이 체감하는 충격이 강해졌으며, 고통은개별화되었다. 함께 저항했지만, 그 이후의 후폭풍은 혼자서 감내해야하는 상황이 전개된 것이다.

예상했다 하더라도 실제로 현실은 너무나 달랐고……. 일단 하루하루가 너무 길었고. 멍하니 있는 시간들이 너무 길었고. 또 한달 단위나 1년 단위의 시간은 지금 보면 너무 빨리 지나갔고. 일단기본적인 공간부터 패배감이 들게끔 만들어져 있죠. 사무실 공간

잉여와 도구

도 훨씬 더 좁고, 도서실 칸막이 해 놓은 것처럼 돼 있기 때문에 사람들 뭐하는지 왔다 갔다 하면서 다 보이고, 절대적 공간 자체가 좁아서 열악하죠.

가장 힘든 건 제 주변 사람부터…… 자세히 알지 못하는 사람들은 이게 어떤 상황인지 전혀 모르잖아요. 일단 사람들을 만나기가 쉽지 않아지는 거? 적어도 서너 명 이상 되는 자리는 저라는 존재로 인해 사람들도 대화의 소재가 줄어드는 것이 분명히 느껴지고. 저도 공감대가 안 만들어지고. 이런 것들 때문에 자리를 피하게 되고. 또 과거에 취재원으로 알고 지내던 사람들한테도 내 소개를 할래야 할 수도 없고, 가끔 제보랍시고 전화가 오는데 제가 지금 보도국에 없어서요 하고 구구절절 설명하는 게 너무 스트레스고. 그러다 보니까 제 불찰이겠지만 취재원도 다 끊기게 되고.

그리고 가족들 대하는 게 사실은 쉽지 않은 게, 저희 집도 그렇고 제가 MBC 기자라는 걸 높이 평가하셨던 분들이거든요. 저희 아버지는 요즘도 제가 전화를 걸면 '어이 ○ 기자'하고 받으시거든요 (웃음). 자식이 기자라는 직업을 하고 있다는 것에 대해서 높게 평가해 줬던 분들인데 그분들의 걱정하시는 시선? 그런 것도 사실은 좀 저는 그냥 웃으면서 훈장 단 거라고 말은 하고 넘어가지만 그게 벌써 몇 년째고 특히나 최순실 사태 이전까지만 해도 저는 이 상황이 5년 더 가면 그건 내가 진짜 버틸 수 있을까? 이런 생각 분명히 했죠.

(M24 인터뷰)

마지막 세 번째 특징은 '기약이 없다'는 점이다. 사실 경영진은 파업 당시 처음 비인격적 인사관리를 기획하던 때부터 이들을 무기한 잉여화할 계획이었는지도 모른다. 그러나 당사자들은 경영진의 기획을 알 수 없었고, 또 파업 종료 직후만 하더라도 2012년 대선이라는 희망이 존재했다. 그러나 대선 이후에는 정말 이런 잉여적 삶이 얼마나 언제까지 이어질지 알 수 없는 문제가 되었다. 따라서 잉여적 기자들은 자신의 삶이 어떻게 흘러갈지 예측이 불가능해졌고 계획도 불가능해졌다. 예측할 수 없는 삶, 계획할 수 없는 삶은 불안과 공포를 주었다.

우리는 해고가 돼서 나와 있기도 하지만, 재판도 지금, 늘 외부 사람 만나면 판결 언제 나느냐. 그러면 기약이 없습니다. 언제 복직하는 거냐. 저도 모르겠습니다. 늘 내일을 모르고 살기 때문에, 미래 계획 같은 거를 설계하기가 쉽지 않다는 거지. 우리가 여기서 계속 살아도 되는 건가? 이사를 가도 되는 건가? 그때쯤이면 혹시 판결을 져서 백수가 될지도 모르는데 저기 이사 가도 되나? 기약이 없다는 거랑 우리는 딱 하나 이런 거지. 판결을 이긴다고 보지만, 졌을 경우를 대비해 최소한 다른 사람들은 몰라도 내 가족들한테는 뭔가 대비책을 갖고 있어야 되는 거 아닌가, 가장으로서. 그렇게 놓고 보면 머릿속에 모든 게 백지 상태가 되는 거야. 그런 거가 불안까진 아니어도 미래를 종잡을 수 없다는 게 늘 베이스에 깔려 있으니까……. **(M22 인터뷰)**

잉여와 도구

이런 상황 속에서 기자들의 고통과 공포는 더 깊어지면서 한편으로는 개인화, 사사화(私事化, privatization)되었다. 파업 당시는 물론이고 파업 종료 이후에도 한동안 노사 간 힘의 균형이 최소한 유지되었을 때에는 개개인이 경험하는 고통과 공포가 어느 정도 공동체 차원에서 분담될 수 있었는데, 그 균형이 완전히 깨졌을 뿐 아니라 균형을 회복할 수 있다는 희망마저 약해지자 고통과 공포는 점점 더 개인 차원으로 수렴된 것이다.

이것은 개개인이 겪는 분노의 방향이 다른 곳으로 돌아가게끔 하는 효과를 낳았다. 이전에는 기자들의 분노가 경영진을 주로 향하는 쪽으로 '외사'되었다면, 이제는 자신 혹은 동료를 향해 '내사(內射, introject)'되는 경향이 강해진 것이다. 이것은 분노를 경영진에 '외사'해 봤지만 문제 상황은 해결되지 않았고 오히려 자신만 다치는 방향으로 귀결된 경험에서 기인한다.

솔직히 저는 회사 구성원들한테도 실망을 많이 했던 것 같아요. 물론 다른 사람들도 다 힘들었겠지만, 나는 파업 복귀 때 선배들이 했던 말을 최대한 지키려고 노력했거든요. 파업 이후에 돌아가서 현장투쟁 해야 된다. 우리가 파업까지 하고 제대로 된 뉴스를 하겠다고 했는데 우리가 약한 모습 보이면 안 된다……. 이걸 저는 나름대로 아무한테도 이야기는 안 했지만 진짜 지키려고 노력을 많이 했어요.

그런데 처음에 같이 으샤으샤 하던 동료들이 지쳐가면서, 싸우는 데 도와주지도 않고, 심지어 부장이 그렇게 이상한 아이템(*구체적 상황은 생략) 시키고 말도 안 되는 태클을 거는데 거기에 대해서 아무도 얘기해 주는 사람도 없고. 그냥 나중에 속상하겠다 이 정도? 저는 약간, 좀, 아 다들 지쳤겠지만, 그래도 좀 실망된다? 내가 왜 이렇게 살고 있지? 누가 동료의식을 가지고 공감을 해 주는 것도 아닌데……. 되게 실망을 많이 했죠, 그 당시에. 아 가만 보면 사람들이 되게 이기적이구나. 그러면 나도 내 몸 하나만 생각해야겠다…….

(M02 인터뷰)

감정사회학자 바바렛(Babalet. J. M.)은 분노를 경험한 사람들이 실천적으로 대응할 수 있는 자원을 빼앗기고 그로 인해 자신들의 분노를 행동으로 전환하지 못할 때, 분노가 '내사된 화'로 약화된다는 것을 관찰했다. 그리고 이때 내사된 화는 화난 사람들의 수동성을 강화하면서 모멸의 아픔을 약화하는 기능을 수행한다.[42]

처음에는 그러니까 그날. 갑자기 인사가 게시판에 올라온 날. 처음에는 화가 엄청 났어요. 이 자식들 또 이런다……. 화가 났는데

---

42 박형신 · 정수남, 2013, "고도 경쟁 사회 노동자의 감정과 행위양식", 『사회와 이론』 23: 205-252면.

잉여와 도구

그다음부터는 가장 기억에 남는 감정 상태는 슬픔이었던 것 같아요. 그때 ○(○)년차 기자였고, 제일 왕성하게 활동할 시기라는 판단이 있었는데, 기자로 MBC 들어온 거잖아요. 근데 그 활동할 기회가 빼앗긴 거고, 또 파편화됐다. 혼자 됐다, 이제. 나랑 똑같은 상태의 사람들이 없진 않지만 우린 소수고, 각개격파당하고 있다는 생각이 드니까 분노나 공포보다는 좀 약간 슬프고 무기력함을 느끼고 그랬던 게 컸던 것 같아요.

(M03 인터뷰)

무감각화와
안정 지향

"문제적 현실에 분노를 해 봐야 현실은 바뀌지 않고, 분노하는 나만 다친다. 그러니 일희일비하지 말자."

이 문장을 2012년 이후 MBC 구성원들이 형성해 온 집합심리 가운데 상당히 굵직한 줄기로 이해해도 무리가 아닐 것이다. 고통의 개인화, 분노의 내사화에 따라 잉여적 기자들은 자신들이 처한 문제 상황 자체에 대해 둔감해지려는 경향을 띠게 되었다. 비인격적 인사관리에 대한 경험 속에서 발생되는 공포와 분노, 모멸감, 무력감 같은 감정 자체를 만들지 않으려는 '무감각화'를 지향하게 된 것이다.

○○○(*특정 사무용품) 있잖아요. 제가 그런 거 잘 만들거든요. 만들고 있는데, 짜증이 났죠. 내가 ○○○ 만들자고······. 물론 그런 일들을 일상적으로 하시는 분들께는 좀 죄송스러운 얘기일 수 있지만 저는 좀 화가 났죠. 무기력함이 계속 느껴졌죠. 그때도 우울하고······. 근데 그게 벌써 1~2년 넘었잖아요. 지금은 또······ 아직까지 그런 감정이 있으면 제가 견딜 수가 없잖아요. 일상화되다 보니까 지금은 또 그냥그냥 하죠. 자포자기 상태인 거죠. 제가 어떻게 바꿀 수 있는 게 없으니까.

(M03 인터뷰)

잉여적 기자들은 권력을 향해 분노를 표출하는 것으로는 자신의 문제 상황을 해결하거나 변화시킬 수 없음을 체화하고, 분노를 내사하면서 체제에 적응하려는 전략을 취했다. 그러나 그로 인해 자기혐오, 자기비하 등과 같은 자기 파괴 및 연대의식의 해체 등 또 다른 부정적 결과를 경험하게 되었다.

결국 그들은 아예 분노 자체를 생성하지 않는 것이 최선이라고 생각했다. 또한 섣불리 어떤 기대감 같은 것도 쉽게 갖지 않겠다고 다짐했다. 파업, 총선, 대선, 사장 교체 등 2012년 이후 일련의 사건들에 대해 기대를 걸어 봤지만 그 기대감은 언제나 실망스러운 결과로 귀결되었기 때문이다. 즉 분노하지 않는 게, 기대하지 않는 게 최선이라는 것이다. 한마디로 일희일비하지 않겠다는 것이다.

잉여와 도구

이런 무감각화에는 잉여로 호명되긴 했지만 여기서 더 아래로 추락하진 않아야 한다는 소극적 자세, 피로와 체념의 은폐된 감정, 소박하고 평범한 보통의 삶이라도 소망해야겠다는 마음가짐[43]이 긴밀하게 결합돼 있다고 볼 수 있다. 이것은 저항적 실천에 나설 수 있는 자원을 잃은 것에서 오는 공포를 상쇄하기 위한 '개별화된 개인'의 노력이며, 그 중심에는 '안정'을 지향하는 마음가짐이 작동한다고 볼 수 있다.[44]

한때는…… 선배들 인사 나는 거 보면 정말 울화가 치밀잖아요. 제가 아무리 다른 사람들 일에 관심이 없다고 해도 정말 그럴 때는 막 화나고 막 어떻게 이걸 복수해 주나 이런 생각도 했는데, 요즘은 그런 생각 전혀 안 해요. 결국 제 손해인 것 같다는 생각이 들더라고요. 어느 순간 제가 너무 피곤하고요, 그 생각을 하면. 긍정적 생각이 아니기 때문에.

(M06 인터뷰)

그러나 이런 무감각화 전략이 늘 성공하지는 않은 것으로 보인다. 애써 무감각해지려 해도 모멸감 등의 고통과 그로 인한 분노 및 자기

---

43 김홍중, 2015, "서바이벌, 생존주의, 그리고 청년 세대: 마음의 사회학의 관점에서", 『한국사회학』 49(1): 179-212면.
44 정수남, 2010, "공포, 개인화, 그리고 축소된 주체: 2000년대 이후 한국사회의 일상성", 『정신문화연구』 33(4): 329-357면.

혐오를 극복하지 못하는 경우가 사실은 더 많았다.

그때(*두 번째 방출 인사가 났을 때) 전 괜찮을 줄 알았거든요, 솔직
히? 처음도 아니고. 처음에는 제가 심리적으로 불안정했잖아요.
근데 두 번째니까 괜찮을 줄 알았어요. 그런데 짐을 싸고 있는데,
아무도 와서 아는 척을 안 하는 거야. 그나마 ○○○ 씨가 잠깐 밖
으로 끌고 가서 어떻게 된 거냐고 물어보는데, 저는 괜찮을 줄 알
았는데 눈물이 나더라고요. 그렇게 하고 가라는 부서 딱 올라가
서, 그 전까지 거기 부장한테 인사도 안 했거든요. 그 부장한테 저
왔다고 인사를 딱 하는데 목이 메더라고요. 왜 이런 굴욕을 당하
고 있어야 되지, 이런 생각?

Q. 굴욕적이라고 생각했나요?

굴욕적이죠. 무슨 문제아도 아니고 짐을 두 번이나 싸고. 인사도
안 했던 부장한테 가서 왔습니다 하니까 부장이 그때 저한테 뭐라
그랬는지 아세요? 니가 그러면 안 된다, 이런 식으로 훈계하듯이
얘기했거든요. 하……. 그걸 듣고 참아 넘겨야 되니까 그때는 좀
울컥했죠. 그리고 초반에는 아예 일을 주지도 않았어요. 멍하니
앉아 갖고 영어 공부 하고 있었다니까…….

(M02 인터뷰)

잉여적 기자가
실천하는 것

"나는 아직도
기자"

Q. 본인이 스스로를 봤을 때 기자로서 아이덴티티가 아직도 있다고 생각하나요?

아…… 아뇨. 아이덴티티는 상당히 많이 무너졌어요. 처음에 ○○○ 왔을 때는 부서가 바뀌었으니까, 명함을 파야 되는데 기자라는 이름을 꼭 넣고 싶더라고요. 그래서 넣었어요. 근데 한 2년쯤 지났잖아요, 지금은. 싫더라고요. (웃음) 개인적으로 '기자 출신'이라고 말해요. 지금은 기자다라는 이야기도 안 하고. 가끔 옛날에 취재했던 사람들이 제보할 게 있다며 전화가 오는데 그냥 '기자 아닙니다 더 이상' 하고 끊어버리고, 그냥. 다시 돌아갈 수 있다라는 가능성이 조금이라도 있다면…… . 내 자세를 가다듬는 것 같은 건 하고 있지만 지금 당장은 나는 기자다라는 생각은 없어요.

(M03 인터뷰)

취재보도 업무에서 제외된 잉여적 기자들은 적어도 MBC라는 언론사 안에서는 기자로서 저널리즘 실천을 하기가 불가능해졌다. 저널리즘에서 격리된 현실의 노동 현장에서 기자의 정체성을 유지하는 것은 이들에게 상당한 피로감을 유발한 것으로 보인다. 기자의 정체성을 가진다는 것은 기자로서 취재하고 기록해야 할 사회 현실은 물론이고 자신이 속한 언론사의 뉴스 보도에 대해서도 지속적인 관심을 유지할 것을 요청한다는 의미인데, 이들이 실질적으로 노동 현장에서 그런 요청을 수행하기는 매우 어려웠기 때문이다.

괴로웠기 때문에 뉴스라든지 타사 시사프로그램 이런 거 있죠? 일절 안 보고 살았어요. 그런 거 보면 너무 속상하니까.

Q. 신문은?

안 봤어요.

Q. 민실위 보고서(*노조가 발간하는 뉴스 모니터 보고서)는?

안 봐. 하나도 안 봤어요. 그룹웨어 게시판(*사내 인트라넷)에 손도 안 댔어요. 그리고 보도국 사람들 안 만나고 싶었어요.

(M02 인터뷰)

이런 심리는 일차적으로 자신이 경영진에 의해 잉여로 분류되었다는 것에 대한 모멸감, 또 그렇게 제외된 자신과 동료들의 자리를 시용·경력 기자들이 들어와 대체했다는 것에 대한 심리적 외상에서 기인한 것으로 보인다.

그렇다면 이들에게서 기자의 정체성이 실제로 거세됐을까? 그렇지 않다. 현실이 고통스럽기 때문에 기자의 정체성을 잠시 망각하려는 노력을 한다고는 볼 수 있다. 그러나 완전히 그 정체성을 내려놓은 것은 아니다. 짧게는 수년에서 길게는 십 년 이상, 취재보도 업무 및 그것을 위한 일상적 노동과 커뮤니케이션이 이미 깊숙이 체화돼 있기 때문이었다. '뉴스를 보지 못하는 이유' 역시 이런 체화와 깊이 관련이 있었다.

Q. 뉴스는 좀 보시나요?

전혀 안 보지. 보고 있을 수가 없어. 고통스러워, 일단. 한때는 보

려고 노력한 적이 있었어. 처음에, 초기에. 왜냐면 그게 업(業)이
니까. 근데 전혀 모르는 사람이 나오는 것, 또 그들이 기사를 이상
하게 쓸 때. 아는 사람이 이상한 기사를 쓸 때. 예를 들어 ○○○
이라든가. 그런 걸 보는 게 힘들더라고. 지금은 정말 우리 뉴스 같
지 않고, 내가 만들었던 회사의 뉴스 같지 않고.

두 번째는 설정하는 의제 자체가 전혀 동떨어져 있어 가지고 그걸
보는 것 자체가 너무 싫어. 한창 뜨거운 걸 다루지 않고 뉴스 하는
그런 걸 받아들이기가 힘들어.

(M10 인터뷰)

이렇듯 잉여적 기자들이 가진 정체성은 상당히 복합적이다. 현실적
인 노동 조건상 이들이 기자의 정체성을 유지한다는 것은 매우 어렵고
피로한 일이다. 그렇다고 이들에게 기자 정체성은 내려놓고 싶다고 해
서 쉽게 그렇게 될 수 있는 것도 아니다. '기자라면 이런 보도를 해야
하는데'와 같이 그들에게 체화된 직업윤리적 정체성은 의식적 망각 노
력에도 불구하고 어느새 다시 내면에 침투해 있곤 하는 것이다.

이런 이유로 이들은 MBC 뉴스에 비판적인 동시에 다른 회사의 뉴
스를 보면서 일종의 자괴감을 느끼기도 했는데, 특히 2014년 이후로
는 JTBC 뉴스를 보면서 그런 감정을 느끼는 경우가 많은 것으로 관
찰되었다. 정체성을 유지하고 있지만 기자로서 손발이 묶여 있는 현
실에서 당시 정부 여당에 비판적인 의제에 과감히 도전하고 특종을

터트리며 뉴스 형식에서도 차별화를 기도하는 JTBC의 보도를 보는 것이 편하지만은 않았다는 것이다.

아무튼 내가 만난 잉여적 기자 가운데 그 누구도 자신이 'MBC 기자'라는 것을 궁극적으로 부정하는 이는 없었다. 버려진 세월의 길이와 관계 없이 말이다. 기자의 정체성을 버린다는 것은, 자신을 잉여로 분류해 뉴스의 외부로 배제한 경영진의 조치에 완전히 순응한다는 사실을 의미하기에 받아들일 수 없는 것이다. 그렇게 되면 그동안 MBC 기자로서 저널리즘 업무를 해 온 자신의 역사는 물론이고 공정방송이라는 윤리적 가치를 위해 파업이라는 저항적 실천에 나선 자신 스스로까지 부정하는 셈이 되기 때문이다.

아이덴티티가 지금의 내 위치, 이걸 볼 건지, 아니면 그럼에도 불구하고 앞으로 내가 어디 가야 될 거라고……, 그런 방향을 얘기하는 거라면. 이건 확실히 아는데 난 여전히 기자라고 생각해. 여전히 난 기자야. 그리고 MBC에 있는 한은 그걸……. 그게 관철되지 않는 순간이 된다고 한다면 난 아마 회사 못 다닐 거야.

(M21 인터뷰)

"희망을 품은
유예"

그렇다면 이들이 기자의 정체성을 온전히 회복하고 다시 기자로서 살아가기 위해서는 어떻게 해야 했을까? 선택지는 크게 세 가지가 있었다.

첫째는 '저항'이다. 다시 한 번 2012년 파업과 같은 강도 높은 저항을 일으켜 경영진의 헤게모니 붕괴를 기도하는 것이다. 둘째는 '투항'이다. 노조 탈퇴와 같은 방법으로 경영진의 코드에 맞추는 실천을 통해 보도국으로 복귀하는 옵션이었다. 셋째는 '탈출'이다. 굳이 MBC라는 언론사에 미련을 두지 않고, 취재보도의 자율성과 독립성이 있다고 판단되는 다른 언론사로 옮겨 새롭게 저널리즘을 실천하는 방법이었다.

그러나 나는 잉여적 기자들이 저항, 투항, 탈출 가운데 어떤 방법도 선택하고 하고 있지 않음을 관찰할 수 있었다. 오히려 이들은 기자로서 처한 상황이 매우 모순적임에도 불구하고 그런 상황을 수용하면서 계속 유지해 가려는 것으로 관찰되었다. 다시 말해 고통과 분노에 '무감각화'할 수밖에 없는, 저항적 실천을 소멸시킬 수밖에 없는 현재의 모멸적인 상황을 인정하지만, 그렇다고 경영진에 완전히 굴복해 그들이 원하는 유형의 기자로 살고 싶지 않으며, 또 기자를 하기 위해 MBC에서 나가고 싶은 생각도 없다는 것이다.

잉여와 도구

왜일까? 나는 구체적으로 묻지 않을 수 없었다. 현실이 문제라고 생각하면서, 여전히 '기자다운 기자'를 하고 싶다고 희망하면서, 왜 저항하지도 투항하지도 않고 심지어 탈출하지도 않는 것일까?

Q. 여전히 기자 일을 하고 싶나요?

하고 싶을 때가 있죠. 다른 뉴스 볼 때 왜 저걸 저렇게 하지 하고 의아할 때, 궁금한 점이 있잖아요. 분명히 시청자들이 궁금해할 만한 점이 있는데 저 기자는 왜 뉴스를 저렇게 썼을까 라는 거. 지금 이게 필요한 뉴스인 것 같은데 왜 이런 건 다 빼고 저런 뉴스를 하고 있지? 그럴 때 내가 기사를 쓰고 싶다는 생각이 좀 들죠.

Q. 보도국에 돌아가기 위해 노조를 탈퇴한다든가 가서 사과를 해야 된다거나? 아니면 회사를 그만둔다거나 더 강도 높은 저항을 하는 방법도 있을 텐데요…….

일단 회사를 안 나가는 이유는 아직 기자 말고 더 하고 싶은 일을 못 찾았어요. 다른 직업에 대한 고민을 저는 못 해 봤어요. 어렸을 때부터 기자 생각만 했으니까.

Q. 기자밖에 길이 없다면…… 다른 언론사도 있을 텐데.

다른 언론사? 다른 언론사가 날 받아줄까 일단 그 생각을 했고. 받아주지 않을 것 같은데 쉽게(?) 경력으로 받아주기엔 애매한 연조죠. 현실적인 생각을 해 보는 거죠. 지상파는 당연히 갈 곳이 없고 이 상황에서 종편을 갈 수도 없잖아요.

Q. 그러면 더 강도 높은 저항을 하지 않는 건 왜일까요?

강도 높은 저항을 어떻게 할까요……. 방법이 있나? 저는 여러 번 들었어요. 승진하려면, 보도국 돌아가라면 더 센 수위 고민해 보라고. 그게 아마 노조 탈퇴 같거든요. 명시적으로 저한테 얘기하진 않았지만 암시는 몇 번 줬거든요? 그것도 저는 못 하겠다고 버텼거든요. 그것도 저 나름대로는 저항을 한 거예요. 내가 잘못한 게 없고, 또 노동자니까 노조원으로 계속 남아 있고 싶은데, 그걸 내가 노조까지 탈퇴해 가면서?

지금 회사와 갈등하고 있는 상황이 빚어진 것 자체가, 우리가 공정방송을 하자고 파업을 한 거고. 그 구심점이 된 게 노조였고, 그래서 조합원들을 괴롭히는 건데. 나는 여전히 그래도 그때 파업을 한 게 맞다고 생각을 하는데. 보도국 가기 위해서 노조를 탈퇴한다는 게 자기부정이 되잖아요. 그래서 이 상황이 언제 끝날진 모르겠지만 일단 저 스스로 자기부정을 하지는 못하겠어요.

(M12 인터뷰)

잉여와 도구

같이 MBC에 소속된 입장에서 파업에 참여했고 유사한 인사관리를 경험해 온 내부 행위자의 입장에선 매우 쉽게 이해되는 답변이었다. 그러나 제3자적 시선을 유지해야 하는 관찰자의 입장에선 의문점이 풀리지 않는 측면이 있었다. 더 강도 높은 저항을 하지 않는 이유를 묻는 질문에 그가 '어떻게 할까요……. 방법이 있나?' 하면서 말꼬리를 흐린 이유는 무엇일까? 다른 기자에게도 물어볼 필요가 있었다.

Q. 강한 반발, 강력한 대응을 해야겠다는 생각을 해 봤다거나?

여기서 제가 대거리를 하건 따지건…… 지금의 이 상황이 바뀔 거라는 생각이 전혀 없었어요. 이미 힘을 너무 많이 뺐잖아요. 그런 생각이 안 들었어요.

Q. 그러면 이렇게 사느니 투항하자, 컨버트(convert)하자.

(놀란 듯) 저쪽에? 한 번도 그런 생각 해 본 적 없는데. 원래 성격이 그래요. 타협이 안 돼요. 난 안 돼요.

Q. 그래도 기사 쓰고 싶잖아요. 방송도 하고 싶고.

무슨 의미가 있어요. 내가 원하는 기사를 못 쓸 텐데. 무슨 의미가 있어요.

Q. 뉴스타파 같은 데는요?

(한숨) 아, 이거는 진짜 아직도 그런데. 뉴스타파 같은 데 가는 사
람들은요. 정말 정의감이 넘치는 기자들인 거예요. 근데 전 그런
류의 기자는 아니에요. 그런 사람도 아니고. 더러운 꼴 보느니 거
기 가서 하고 싶은 뉴스를 하겠다 하기에는 전 아직도 제도권 안
에 익숙해 있는 사람이고. 냉정하게 판단했을 때.

바로 이 지점에서 나는 이런 기자들의 마음가짐과 실천을 설명할
만한 하나의 단어를 찾아낼 수 있었다. 그것은 '유예'였다. 이들은 기
자로 살고 싶지만 현재 그렇게 살 수 없는 지금의 상황을 수용하면서
'유예된 기자'로 스스로를 인식 및 재구성하고 있었다. 언젠가는 MBC
에서 자신들이 희망하는 저널리즘을 구현할 거라는 희망을 포기하지
않고, 그 시기까지 자신들의 저널리즘 실천을 유예하며 버티고 견뎌
내는 실천 전략을 취한 것이다.

그렇다면 왜 유예해 가면서까지 이들은 MBC를 고집하는가? 그 이
유는 M12의 인터뷰에서도 나타났듯 '나는 틀리지 않았다'라는 심리
상태였다. 그러나 이것이 전부는 아니었다. 이들이 'MBC 기자'라는
존재의 특징에 대해 공유하고 있던 복합적인 의미망이 작용하고 있었

잉여와 도구

다. 그 의미망의 실체가 무엇인지 나는 다음 인터뷰에서 관찰할 수 있었다.

굉장히 솔직하게 말씀드리면 MBC가 적지 않은 급여를 주잖아요. 그러다 보니까 어찌 보면 이건 좀 나태한 측면이 있는데, 일단 버텨 보자. 월급도 주는데······. 이런 생각이 있고.
그다음으로는 어떻게 보면 개인적으로 합리화시킨 것일 수도 있지만 그래도 좀 놓치고 싶지 않은 부분이, 내가 회사를 옮겨서 괜찮은 뉴스를 하는 것보다 의미 있는 게 다시 MBC를 괜찮은 회사를 만드는 것이 언론계나 언론사를 두고 봤을 때 더 의미 있는 일이 아닐까. 그거 합리화 아니냐 하면 반박은 힘들지만 어쨌든 그런 차원의 생각을 했었어요.   **(M03 인터뷰)**

일단 MBC는 지켜야겠구나. 떠나면 안 되겠구나 하는 생각은 점점 확고해지고 있어. 이거는 버리고 갈 수가 없는 덩치인데다가, 버리고 가면 누구 좋으라고. (웃음) 누구 좋으라고.
언제일지 모르겠지만 일단은 MBC를 최대한 번듯한 제대로 된 조직으로 만들 수 있을 때 일조를 할 수 있게 일단은 남아 있어야겠구나. 그렇게 정리가 됐고. 기자에 대한 생각은, 그때까지는 좀 열어 놓기로 했어요. 내가 날 때부터 기자였던 것도 아니잖아.   **(M19 인터뷰)**

이들의 인터뷰에서 관찰되는 건 MBC 기자라는 의미를 구성하는 세 가지 차원이다. 첫째, MBC가 제공하는 급여와 정규직이라는 고용 조건, 사회적 지위와 같은 사회경제적 안정감이다. 두 번째는 MBC라 는 회사가 갖고 있던 전통적인 스테이션 이미지(stational image)를 회 복할 수 있으리라는 희망이다. 진보적이고 개혁적이며 젊고 창의적인 이미지, 저널리스트들이 독립적으로 취재보도 활동을 하며 사회에 큰 영향을 끼칠 수 있던 환경이 그것이다.

마지막으로는 MBC 구성원들이 지닌 독특한 '주인의식'을 들 수 있 다. 방송문화진흥회가 70퍼센트, 정수장학회가 30퍼센트의 지분을 보 유하고 있는 MBC는 소유구조상 공영방송으로 분류되지만 정부가 100퍼센트 지분을 가진 공기업 KBS보다는 공영의 색채가 약하다. 사 주라는 소유주가 있는 다른 민영 언론과는 더욱 다르다. 이렇다 보니 MBC 구성원들은 자신들의 회사를 '주인 없는 회사'로 인식해 왔고 사장에 대해서도 '월급 사장'으로 지칭하는 등 특유의 주인의식을 공 유해 왔다.[45]

이렇게 볼 때 잉여적 기자들은 비록 경영진의 비인격적 인사관리 때문에 기자 업무에서 격리된 상태이기는 하지만, 기본적으로 생존의

---

45 이 세 가지 차원은 중요한 것이지만, 이것만으로 MBC 구성원들이 다른 회사로 이직하지 않는 이유가 설명되는 것은 아니다. 예능/드라마 프로듀서나 아나운서 직종의 경우는 이 세 가지 차원을 기자들과 마찬가지로 공유하면서도 적지 않은 인원이 MBC를 떠나 프리랜서 선언을 하거나 케이블TV, 종편, 연예기획사 등으로 이직했기 때문이다. 이것은 기자 직군의 경우 아나 운서나 프로듀서 업종과 달리 프리랜서 기자가 흔치 않다는 특성, 또 종편이나 신문에서 지상파 방송기자로 옮기는 경우는 많지만 그 반대의 경우는 흔치 않다는 업계의 관행 등이 반영된 측면 이 있었을 것이다.

잉여와 도구

토대를 제공하는 MBC 정규직 신분을 유지해야 한다는 소극적 스노비즘(snobbism, 속물성)을 근거로 하면서 동시에 MBC의 스테이션 이미지를 회복할 수 있다는 기대감을 불투명하게나마 여전히 유지하고 있었다. MBC의 스테이션 이미지를 회복한다면 자신들이 MBC에서 '기자'로 되돌아갈 가능성이 높아진다는 의미가 되기 때문에, 이들은 현재의 상실감을 어느 정도 버텨내면서 저널리즘 실천의 '유예'를 선택하고 있던 것이다.

죽은 노동의
수행

이렇게 기자의 삶을 기약 없이 유예하기로 한 잉여적 기자들은 경영진에 의해 지명된 공간에서 각자 노동을 수행해 왔다. 이때의 노동은 유예의 대가로 치러야 하는 노동이다. 당연히 이런 노동은 기본적으로 의미와 보람, 자아실현 등과는 관계가 없다. 마르크스(Marx, K)의 유명한 개념을 빌려 말하면, 이런 노동은 노동의 과정과 노동 생산물에서 자기소외를 발생시키는 '죽은 노동'이다.[46]

기본적으로 흥미가 없는 일이야 재미도 없고. 그걸 하고 앉아 있

---

46 칼 마르크스, 2006, 『1844년의 경제학: 철학 수고』, 강유원 옮김, 이론과실천.

으려니 재미도 없고 의미도 없어 보이고. 이게 뭐하고 있는 건가 싶기도 하고, ○○○, ○○○ 선배 서로 그냥 담배나 피우고 있는 거지. (웃음) 에이…… 이러고 있는 거지. 공무원식 업무 같은 게 있는데 좀 뭐랄까 답습하는 게 있거든. 문서화하고 좀 짜증나는 거. 신속성에 기반을 두지 않고 같은 업무를 반복적으로 재생산하고 아니면 단조로운 업무가 많거든요. 그런 거 할 때 좀 짜증나는 거지.

(M05 인터뷰)

이들이 맡고 있는 업무는 앞서도 설명했듯 스케이트장, 주차장 관리 등과 같은 신사업 아이템 개발, 영업, 보도지원, 마케팅, 뉴미디어 포맷 개발 등이다. 회사 전체 차원에서 볼 때 무가치하다고 말할 수는 없다. 그러나 분명히 이들은 전에 기자로서 저널리즘 실천을 하던 수준으로 현재 업무에 몰입하지는 않고 있었다. 해당 업무에 몰입해 예전처럼 그 노동과 일체감을 형성하는 순간, 즉 죽은 노동을 '산 노동'으로 살려내는 순간, 자신을 잉여로 호명해 뉴스의 외부로 배제한 경영진의 의도에 부합하게 되는 사실을 의미하기 때문이었다.

나와서 느낀 것 중 하나는…… 다른 분야 사람들을 되게 많이 만나잖아요, 유배지에서. 그러다 보니 그래, 아, 뉴스만 있는 게 아니지. MBC 전체가 중요한 거지. 물론 뉴스가 굉장히 중요하고 우리가 지켜야 되는 부분인 건 맞는데, 꼭 뉴스가 아니어도 우리에겐 여러 프로그램이 있고, 여러 방식을 통해 뭔가 할 수 있는 여지가 너무나 많은 곳이구나, MBC는······.

Q. 그건 회사가 제시하는 이유이기도 하지 않나요? 다 회사에 필요한 업무다. 기자라고 해서 꼭 기자 일만 해야 되는 건 아니다······.

그러니까 어디 가서 이런 얘기를 막 하고 다니지는 않는 거지. 그러니까 그 선 타기가 힘들다고. 내 개인적으로는 나쁘지 않다고 생각해. 이왕 이렇게 된 거, 이렇게 합리화하기도 하면서 실제로 그렇게 생각하기도 해.

하지만 유배자가 그런 얘길 하고 다니면 안 돼. 그렇기 때문에 그 부분이 좀 어려운데, 현재 여기서 하는 업무를 제대로 하지도 않아. 그냥 어느 정도 내가 그냥 습득하는 정도지 맛보는 정도지, 적극적으로 하진 않아. 유배자로서 본분은 지켜 줘야 되기 때문에.

(M19 인터뷰)

경영진의 인사권을 거부할 수도 없고, 그렇다고 분노를 외사하면서 더 큰 저항적 행동을 만들어 낼 수도 없다고 판단한 이들은 스스로의 존엄을 지키기 위한 최소한의 방법으로 이런 '유예'와 '죽은 노동'이라는 실천 전략을 선택했다.

이런 전략을 취함으로써 대다수의 잉여적 기자는 여전히 MBC 내에 머물고 있다. 그러나 죽은 노동의 수행을 고수하며 거기서 발생하는 소외를 지속하는 방식은 불안감을 수반하게 된다. 풀어서 말하자면 '유배자'라는 정체성에 대한 일상적인 인식, 기자로서 경력 계발을 전혀 못하고 있다는 답답함, 승진과 보직에서 계속되는 누락, 최하 평가 및 징계 등에 대한 상시적 불안과 공포가 복합적으로 작용하는 것이다.

Q. 주변에 해외연수들도 많이 갔다 왔고, 부장도 달고 그러는데……. 승진이 밀려 있으시지 않나?

○○○ 선배도 계신데 내가 어디 가서 명함을 내밀겠어. (웃음)

Q. 그런 거 보시면 약간 기분이 어떠신지?

인간인데, 아무것도 없으면 거짓말이지. 없으면 거짓말이지. 나는 완전 논외의 사람이 돼 버린 거잖아, 솔직히 말하면. 근데 다들 마찬가지잖아. ○○○이나 ○○○이 봐도 마찬가진 게 그 연차에서 지금 여기 있으면 안 되는 거잖아.

(M15 인터뷰)

잉여와 도구

축소되는
인간관계

잉여적 기자들은 비인격적 인사관리에서 비롯된 모멸감과 공포, 무기력감 등 감정적 굴곡 속에서 공통적으로 한 가지 면을 보였다. 바로 기존의 대인관계를 줄이며 가까운 이들과의 친밀성에 집중하려는 모습이었다.

파업 이후에 제일 큰 문제가 뭐냐면, 사람들을 잘 안 만나게 되는 거야. 대인기피증 같은 거 생기고. 특히 회사 밖에 있는 사람들은 진짜 안 만나게 되고. 회사 내부 사람이라고 해도 친한 사람 아니면 잘 안 보게 되는 거야. 뭐 보면 난 우리 동기들, 맨날 봐야 ○○○이, ○○○이. ○○○가 가끔 놀러오고 그런 정도 아닐까 싶어. ○○○ 한동안 계속 오다가 요즘은 안 오데. (웃음)"

Q. 대인기피증, 이런 건 왜 오신 건지?

회사 돌아가는 얘기 설명을 다 해야 되고. 진짜 회사 밖에선 (MBC 문제를) 몰랐던 사람들이 많더라고. 그리고 내 자리를 또 설명해야 되고, 그런 게 이제 싫은 거지. 그래서 친척들 안 만나게 되고 동창들 안 만나게 되고.

Q. 회사 내부에서도 그런 게 있으신 건가요?

일단 파업 안 했던 애들……. ○○○가 와서 자꾸 밥 먹자고, 나한테……. 걔는 눈치도 없는 게, 내가 몇 번을 거절했는데. 거절이라는 게 너랑 먹기 싫어 이게 아니라 점심 약속 있다 이런 식으로. 몇 번은 그랬는데도 계속 와. (웃음) 파업했던 사람들 사이에서도 다른 파트 선배나 동료들 있고 그러면 어울리기가 불편한 건 뭐 있지. 무슨 모임 있다고 하면 누구누구 오는지 다 따져서 가게 되고.

(M08 인터뷰)

대개 기자들의 주요 인간관계는 크게 회사 내외부로 나눌 수 있다. 우선 회사 외부의 관계는 동문, 취재원, 타 언론사 기자, 그밖의 사적 관계로 분류할 수 있고, 회사 내부는 입사 동기 및 선후배 기자들을 들 수 있다. 여기서 잉여적 기자들의 경우에는 회사 내외부를 막론하고 전체적으로 대인관계를 축소하려는 모습이 드러났다.

회사 외부의 인간관계를 축소하려는 이유는 비인격적 인사관리를 경험하면서 갖게 된 트라우마, 그리고 자신의 상황을 설명하며 느끼는 심리적 고충 때문이었다. 2012년 파업 이후 MBC의 상황은 앞 장에서 소개했지만 굉장히 복잡하며, 내부자가 아닌 이상 이해하기 쉽지 않다. 이렇게 변화된 상황 속에서 기자들은 더 이상 과거처럼 MBC 사회부 기자 등 자신의 처지를 간결하게 설명할 수 없게 되었다. 이제는

잉여와 도구

이름도 생소한 뉴미디어포맷개발센터, 신사업개발센터 등에서 일하게 된 '기자'로서의 자신을 설명해야 하는 상황이 된 것이다.

이런 상황을 가장 간결하게 설명할 수 있는 방법은 이 상황 자체를 '예외 상태'로 규정하는 것이었다. 가령 '원래는 기자인데, 지금은 파업했다고 쫓겨나서 무슨무슨 부서에 있어. 이 부서는 무슨무슨 일을 하는 곳인데, 이건 잠깐 하는 거고 다시 기자로 돌아가게 될 거야'라는 식이다. 그래야 MBC 밖의 다른 사람들이 이 상황을 쉽게 이해할 수 있다.

그런데 앞서 논의했다시피 경영진의 비인격적 인사관리 기조가 장기간 기약 없이 작동함에 따라 이런 예외 상태는 예상한 것보다 훨씬 길어졌다. 다시 말해 더 이상 예외가 아니라 '규칙화, 일상화'된 것이다. 그런데 기자들은 이렇게 일상화된 현실을 예외라고 계속 설명해야 했다. 이 지점에서 심리적 피로와 위축감이 발생했다.

회사 내부의 인간관계가 축소된 이유는 앞서 언급한 감정적 조건의 측면들과 깊은 관련이 있다. 비인격적 인사관리 때문에 파업 참가 기자들이 보도본부 내부와 외부로 갈라졌으며, 외부로 나오게 된 잉여적 기자들의 경우에도 보도본부 주변부에 머무는 기자(그룹3)부터 해직 기자(그룹6)에 이르기까지 그 성격이 조금씩 동질적이지 않다.

Q. 보도국에 있는 기자들 보면 불편한가요?

불편함이 있습니다. 없잖아 불편해요. 안 봐요. 그리고. (웃음) 보도국 내에서도 스펙트럼이 다양하잖아요. 보도국 안에서도 TV에 나오는 사람과 안 나오는 사람이 나뉘어져 있잖아요. TV에 안 나오는 사람들하고는 또 만나서 얘길 해요. 술도 먹고. 근데 파업 당시까지만 해도 가깝게 지냈던 일부 선후배 기자들 있잖아요. 인제 일부러 약속을 잡아서 보진 않죠. 몇 번 만나서 이야기할 기회가 있었는데, 생각 차가 느껴지더라고요.

Q. 생각 차라 함은 어떤?

보도국에서 지금 만드는 뉴스에 대한 생각 차라든가. 보도국을 지키는 것의 의미에 대한 생각 같은 게 다르더라고요. 예를 들면 그 사람들은 그래도 우리가 마이크를 잡고 있어야 된다라는 의견들을 갖고 있었는데 제가 보기엔 그렇게 지키고 있으면서 만들어 내는 뉴스가 무슨 의미가 있나라는 생각이 들었고.
근데 굳이 다투진 않았어요. 이해는 됐어요. 한편으로 그런 생각들이. 근데 뭐랄까. 더 이상 그 얘길 나누고 싶은 생각은 안 드는 거죠.

Q. 그들도 ○ 기자(인터뷰이)를 불편해 하는 경우가 있을까요?

어, 많죠. 어느 순간부터 저에게 연락하는 경우 없고. 지나가다 만

잉여와 도구

나면 반갑게 술 한번 먹어야지 하긴 하는데 전처럼 적극적으로 약
속을 잡지도 않고.

(M03 인터뷰)

이런 상황 속에서 주체 간 공감 능력은 약화될 수밖에 없다. 실천
은 더욱 '개인화'된다. 매우 가까운 이들과의 밀도는 높아지지만, 조금
이라도 이질적인 주체와는 높은 벽을 쌓게 된다. 이런 실천은 엄기호
(2014)의 개념을 빌리자면 '단속(斷續)'적 실천이다.[47] 동질적인 것에
는 끊임없이 접속하려 하지만, 조금만 이질적으로 느껴지는 것은 곧
바로 차단하는 것이다.

시용 경력들은 물론이고 파업했지만 애매하게 있는 애들. 쟤들은
그냥 나랑 다른 애. 선을 딱 긋는 거죠. 다른 애. 회사 동료로서 일
을 하면서 지낼 순 있되 인간적 관계를 가질 순 없는 관계. 이게 생
기는 거죠. 저만 이렇게 벽을 치는 게 아니라 상대가 벽을 치는 것
도 느껴져요. 저는 파업 전에 ○○○ 선배하고도 되게 친했어요.
근데 요즘은 되게 데면데면 인사하던데요, 저한테?

Q. 그렇게 벽을 치는 건, 그래야 마음이 편하기 때문인가요?

---

47   엄기호, 2014, 『단속사회: 쉴 새 없이 단속하고 끊임없이 차단한다』, 창비.

그런 거 같아요. 벽을 안 치고 섞이려 하는 순간 번뇌가 몰려와요. 왜 재들은 이렇게 생각 못할까? 왜 저렇게밖에 행동을 못할까? 왜 저럴까?

Q. 벽을 안 친다면?

피곤해지는 거지. 자꾸 이해하려고 노력해야 되니까. 피곤하게 되고, 그러니까 안 하려 그러는 거지. 구분하면 편하잖아요, 쟤는 원래 저런 애라고 생각하면.

회사가 징계를 내릴 때 그 데미지는 집단이 아니라 개개인 하나하나가 받는 거잖아. 그건 어차피 나 혼자 헤쳐 나가야 할 일이잖아. 그러면서 계속 저 사람들을 이해하려고 노력하고 왜 저럴까 그래도 융합해야지 생각하는 사람들이 과연 몇이나 있을지……. 데미지를 헤쳐 나가기 위해서 에너지를 쓰다 보면 결국 자기 마음이 가장 편한 쪽으로 생각하게 되잖아요.

(M02 인터뷰)

이렇듯 잉여적 기자들은 노동과 인간관계라는 영역에서 자신들의 실천을 유예하거나 대폭 축소하고, 그 대신 개인화된 실천 전략을 강화했다. 예를 들면 장기간 지속할 수 있는 대학원 진학이나 어학 공부와 같은 자기계발 프로그램을 시작하거나, 기자 생활을 하는 동안 결

잉여와 도구

정하지 못하고 있던 결혼 또는 출산 같은 가족계획을 추진하기도 하고, 또 마라톤 혹은 캠핑, 반려동물, 별자리 탐방 등 취미생활에 몰입하는 방식이었다. 기자들은 이런 실천에 집중함으로써 노동 및 대인관계에서 유예·축소된 만큼을 보완하고자 했던 것이다.

3장

도구

배제된 자들이 있다면 남아 있는 자들도 있다. 이번 장에서는 남아 있는 자들, 즉 파업 이후 MBC 뉴스 생산 조직에 소속돼 취재보도 업무를 수행하고 있는 기자들(그룹1, 그룹2)을 다룬다.

2장에서 조명한 잉여적 기자, 즉 뉴스 생산에서 제외된 기자들의 경우 대부분 2012년 파업에 적극 참여했고 경영진과 갈등했던 이들이라는 점에서 비교적 동질적인 집단으로 볼 수 있다. 그러나 현재 뉴스를 생산하는 기자들은 보도국이라는 '공간'만 같이 쓰고 있을 뿐, 굉장히 이질적인 여러 그룹으로 구성되어 더욱 문제적 상황에 처해 있다.

도구적 기자
발생하다

    단순화해서 살펴보면 이들 도구적 기자 집단은 크게 세 축으로 분류된다. 첫째, 2012년 파업에 참여했다가 파업 종료 후 복귀한 기자들이 있다. 둘째, 파업에 불참했던 평기자 및 보직 간부들이 있다. 마지막으로 파업 이후 입사한 시용·경력 기자 그룹이 존재한다.

    그러나 파업 이후 5년 가까이 시간이 흐르면서 이들 그룹은 더욱 내부적으로 복잡하게 분화한 상태다. 가령 파업 종료 후 복귀한 기자들 가운데 노조(전국언론노조 문화방송본부)를 탈퇴하고 경영진에 적극 협력하는 기자들이 생겨났다. 또 이와 반대로 파업 이후 입사한 경력 기자 가운데 노조에 가입하는 기자들이 나타나기도 했다.

    이렇게 여러 갈래로 분화한 기자 각각의 특수성을 일일이 분석하기란 매우 어렵고 복잡한 일이다. 게다가 앞서 밝혔듯 나는 파업 불참자와 경영진, 보직 간부 일부에게도 인터뷰를 시도했지만 모두 불발됐다. 그나마 시용·경력 기자 4명과의 인터뷰가 성사되며 이들 그룹의 자료를 일부 확보할 수 있었다.

시키는 뉴스를
잘할 사람

파업 종료 이후 보도국에 복귀한 기자들, 그리고 이후에도 뉴스 외부로 배제되지 않고 보도국에 남아 뉴스를 생산해 올 수 있던 기자들. 이들은 어떤 이유로 잉여가 되지 않고 살아남을 수 있던 것일까? 그 이유는 앞서 경영진이 특정 기자들을 잉여로 분류한 이유로 추론했던 바로 그 지점에서 찾을 수밖에 없다.

경영진이 파업 이후 잉여라는 예외 상태를 발생시킨 것은, 향후 경영진이 주도해 생산할 뉴스의 모습에 대한 선언이기도 했다. 경영진은 노조와 파업 참가자들이 주장하는 공정방송의 이념형을 '자신들의 입맛대로 운영하는 노영방송'으로 규정하면서[48] 그런 요구에 휘둘리지 않겠다고 공식화한 것이다.

그에 따라 경영진은 뉴스 생산 과정에서 데스크와 기자가 활발하

---

[48] MBC, 2016, "[보도자료] 언론노조는 MBC 방송 장악 시도와 정치공작 행위를 즉각 중단하라", http://blog.mbc.co.kr/1811

잉여와 도구

게 토론을 벌인다든지, 기자들이 적극적으로 자신이 원하는 기사 아이템을 발제한다든지 하는 문화를 원하지 않은 것으로 보인다. 경영진의 입장에서는 '시키는 뉴스'를 잘하고 '하지 말라는 뉴스'를 잘하지 않는 기자가 필요했기 때문이다. 다시 말해 기자 개개인이 저널리스트로서 쌓은 경험과 능력, 전문성을 인정하고 그에 따른 취재활동을 장려할 의사가 희박했던 것 같다. 그렇지 않다면 '통제가 불가능할 것으로 보이는' 기자들을 잉여로 분류해 뉴스의 외부로 장기간 내보낼 필요가 없었다.

Q. 경영진은 왜 그러는 거예요? 선배가 보기엔?

그게 DNA를 바꾸겠다는 거 아냐? 바꿀 수 없는 DNA를 바꾸겠다는 거지.

Q. 간부들과 그런 얘기 해 본 적 있어요?

DNA에 대한 얘길 해 본 적은 없어요. 내가 뭐 그런 얘기 하긴 어렵지. ○○○(*고위 간부)도 나한테 안 해. 그런 면에선 날 신뢰하지 않아. 그런 성격의 얘긴 할 수 없고, 만나면 노가리나 까는 거지. 보면, 지금 와서 생각해 보면, DNA를 바꿔야겠다고 생각한 거고……. 바꿔질 줄 알았겠지.

Q DNA를 바꾸겠다고 하면, 어떤 응어리에 대한 복수의 차원인가? 아니면 옳다고 생각하는 뉴스를 하기 위한 걸까요?

그거 아닐까? 자기들이 옳다고 생각하는 뉴스를 구현해 낼 만한 사람들이 필요한 거고. 그걸 구현하는 지시를 내렸을 때 껄끄러운 과정을 겪고 싶지 않은…….

(M26 인터뷰)

M26은 파업 이후 보도국에 남아 있으면서 현 경영진 및 간부들과도 일정 부분 의사소통을 해 왔던 기자였다. 그의 말을 토대로 추론해 볼 때 경영진이 필요로 한 기자는 확실하게 통제가 가능한 기자였으며, 이들을 통제하겠다는 말은 경영진이 옳다고 생각하는 편집 방향으로 뉴스를 제작하기 위해 이들 기자를 '<u>도구</u>'로 활용하겠다는 의미였다고 봐도 무리가 아닐 듯하다. 따라서 이들 기자는, 경영진의 판단에 의해 뉴스 생산 조직에 남아 있는 기자들은 '도구적 기자'로 분류되었다고 개념화할 수 있다.

그렇다면 어떤 유형의 사람들이 통제가 가능하고, 시키는 뉴스를 잘할 '도구'로 분류됐을까? 역시 앞서 언급한 카메라기자 블랙리스트에서 중요한 단서를 얻을 수 있다. 이 문건의 ○ 부류(*회사의 정책에 순응도는 높지만 구체적 마인드를 갖고 있지 못한 이들)의 기자들과 △ 부류(*언론노조 영향력 아래 있는 회색분자들)의 기자들 일부가 이 책에서 말하는

잉여와 도구

도구적 기자에 해당한다고 볼 수 있을 것이다.

문건에서 이들 그룹에 속한 카메라기자들의 특성을 서술하면서 사용한 주요 단어는 대세, 회유, 원만, 회색분자, 이용가치, 우유부단 같은 것들이 있었다. 가령 ○ 그룹의 기자들에 대해서는 '유연한 성격과 원만한 대인관계로 언제든 회유 가능', '대세에 따르는 우유부단함의 회색분자들', '뛰어난 업무능력과 개인적 욕심 많고, 좋은 친화력으로 이용가치가 있는 인물' 등의 평가가 내려지고 있었다. 또 △ 그룹의 경우 '순응도 및 기여도가 높은 인물이나 새로운 시스템에 대한 이해가 부족함', '순응도는 높은 편이나 조직 장악력 및 업무수행능력 부재 등이 문제를 갖고 있음' 등의 언급이 눈에 띄었다.

요컨대 경영진은 말 잘 듣는 사람, 모가 나지 않은 사람, 대세 지향적인 사람, 출세욕 비슷한 욕심이 있어 보이는 사람 등을 '도구'로 주목한 것이다. 이렇게 도구화된 기자들에게 허용된 저널리즘은 지극히 협애할 수밖에 없었다. 그렇다면 기자들 스스로 영역을 확보하기 위해 싸우는 수밖에 없었는데, 이것이 도구적 기자들이 접하게 된 첫 번째 문제 상황이었다.

이질적 존재와
일하기

　이와 동시에 이들은 일상에서 또 다른 문제 상황에 직면하게 되었는데, 바로 이질적 주체들과의 대면이었다. 파업에 참가했다가 뉴스 생산 조직으로 복귀한 기자들은 함께 파업했던 동료 다수가 잉여로 분류돼 사실상의 직종 전환 조치를 당하거나 심하게는 해고되는 상황을 보며 상실감을 깊게 경험했다. 그런 점에서 이들에게 파업에 불참한 평기자와 보직간부들은 가해자 격인 경영진과 협력한 이른바 '부역자'로 인식되었다. 그런데 파업 종료 후 업무에 복귀한 기자들은 뉴스 생산을 위해 이들과 함께 일하고 커뮤니케이션하지 않을 수 없었다.

　보도국 돌아오고 나서 하여튼 초반엔 인사가 가장 큰 그거였어요, 인사가. 마찬가지로 우리 후배들한테도 가장 힘든 일이었어요. 기사 쓰는 것도, 우리가 쓰는 기사가 모든 기사가 첨예하진 않잖아요. 근데 그 사람들은 매일매일 눈을 마주치잖아요……. 근데 그 사람들한테 인사를 하는 게 너무 수치스럽고 모욕적인 거야. 인사를 못 하겠는 거야.

(M20 인터뷰)

　또 시용·경력 기자 그룹을 향한 적대감 및 그로 인한 갈등 역시 중

　　　　　　　　　　　　　　　　　　　　　　　잉여와 도구

요한 문제 상황이었다. 이런 갈등은 시용·경력 기자를 선발하는 과정부터 누적돼 왔다.[49] 그리고 파업 참가 기자들은 파업 종료 후 업무에 복귀하면서 노동 현장에서 이들과 마주하지 않을 수 없게 되었다. 반면 그동안 같이 일하고 같이 파업했던 동료 상당수는 더 이상 보도국에 남아 있지 않았다.

Q. 파업 끝나고 보도국 올라갈 때는 어떤 심정이었나요?

그때는 어쩔 수 없다고 생각했어요. 그 상황에선 정말 끝까지 가면 대선이었고, 정말 대선 결과가 어떨지 모르겠지만 정말 다 사표 쓰고 그럴 것 아니면 그런(파업 접는) 상황이었던 건 불가피하다고 생각했고요. 물론 기분이 좋지는 않았죠. 그렇지만 이렇게 될지도 몰랐죠. 다시 잘될 거라 생각했죠, 예전처럼.

Q. 보도국 다시 갔더니 눈앞에 펼쳐진 풍경은 어떤?

시용 있었죠. 그냥. (침묵) 제가 보도국에 대해 갖고 있던 파업 이

---

49   2012년 파업 당시 MBC 경영진은 보도 부문에서 대체인력을 충원하기 위해 세 차례에 걸쳐 30명 안팎의 시용기자를 선발했다. 1년 간 시험적으로 고용한 뒤 정규직으로 전환하겠다는 조건이었다. 이에 대해 MBC 기자협회는 보도국 점거 농성 등을 벌이며 강력히 반발했다. 당시 이들이 낸 성명서에는 "생계마저 포기하고 100일 넘게 공정보도를 외치고 있는데, 동료의 등에 칼을 꽂고 사측의 꼭두각시 역할을 자처하는 대체인력을 동료로서 인정할 수 없다"는 문구가 포함돼 있다. 기존 파업 참가 기자들과 시용기자 간의 갈등은 이때부터 예고됐던 것이었다고 볼 수 있다. 파업 당시 선발된 시용기자들은 2017년 현재 거의 대부분 정규직으로 전환된 상태다.

전 분위기라는 거는…… 되게 가족 같은 분위기고 어색한 공기가 없었던 것 같아요. 항상 뭔가 시끌벅적하고, 와자지껄하고. 서로 바쁘지만 챙겨 주는 분위기였는데 그다음(파업 다음)부터는 그냥 개인주의적인 느낌? 정말 이제 직장이라는 느낌이 강해지고 딱 그냥 내 일만 하자라는 개인주의적 생각이 강해졌던 것 같아요.

그리고 제가 개인적으로 가장 힘들었던 건 미안함 같은 게 있었어요. 같이 파업했지만 전 보도국에 있었잖아요. 거기에 대한 미안함이 컸어요. 제가 파업에 적극적으로 완벽하게 동조해서 들어간 건 아니었지만 그럼에도 불구하고 어쨌든 했잖아요. 저는 이것저것 열심히 했다고 생각하거든요. '제대로뉴스데스크'랑 특보팀이랑 뭐 다…….50 밖에 쫓겨난 분들의 죄질, 회사에서 본 그거에 비해 저의 죄질이 결코 가볍지 않다고 생각하거든요. 파업 때 했던 행동들을 보면……. 저는 똑같이 했으면 똑같이 책임져야 한다고 생각했어요. 왜 어떤 기준에서 나를 보도국에 남겨뒀는지. 그런 게 좀 밖에 나간 분들 보면 염치없었죠.

(M06 인터뷰)

---

50 〈제대로뉴스데스크〉란 2012년 파업에 참가한 기자들이 '제대로 된 권력 감시, 고발 보도를 하겠다'며 회사 장비가 아닌 개인 장비로 뉴스를 취재, 제작해 유튜브 등의 플랫폼에 업로드한 영상물을 말한다. 파업 기간 동안 10여 차례 선보였다. '특보팀'은 노조가 파업 당시 매일 발간한 총파업특보를 제작한 팀을 의미한다.

잉여와 도구

시용 · 경력 기자를
만나다

그렇다면 도구적 기자들의 또 다른 축이라 할 수 있는 시용·경력 기자들은 어떤 상황에 있었을까? 경영진이 이들을 선발한 이유는 '같이 일할 수 없다고 판단한' 기자들을 뉴스의 외부로 제외한 뒤 그들의 빈자리를 채우기 위해서라고 봐도 과언이 아니다. 한마디로 원활하게 사용할 수 있는 도구를 찾고자 한 것이다. 그렇다면 이들의 이야기를 직접 들어볼 차례다. 이들은 왜 MBC에 들어온 것일까? 그리고 MBC 보도국에 들어와서 직면한 상황은 어떤 것이었을까?

내가 만난 4명이 이들 집단 전체를 대표한다고 볼 수는 없다. 과학적 방법을 거쳐 표본으로 추출한 것은 더욱 아니다. 따라서 현 단계에서는 이들이 했던 생각과 실천의 일단을 드러내 공유하는 것에 의미를 두고자 한다. 이들의 이야기는 좀처럼 공개된 바가 없으므로, 독자의 이해를 돕기 위해 충분한 길이로 인용했다.

Q. 본인 기자 커리어부터 먼저 말씀해 주시면.

이런 자리였네요. 네. 저는 ○○○○년(*특정 연도)부터 기자 준비를 했고요. 대학 마치고 학원도 다니고 하면서 준비하다가 처음엔 ○○○○ (*특정 회사)에 시험 보고 들어가게 됐고. 네. 그때부터 기자를 시작하게 됐죠.

Q. 그곳에서의 기자생활은 어땠나요?

진짜 이거는 녹음되는 게 힘든 부분인데……. 그냥 편하게 말씀
드릴게요. 기자로서 보람이 없더라고요. 그렇죠. 거기는 그냥 동
정 뉴스(기사). 쓰고 싶고 하고 싶은 말을 하기 어렵더라고요. 분명
히 기자를 하고 싶어서 왔는데……. 제가 바라보는 기자하고 다
르더라고요……. 그래서 다니면서 계속 이직을 생각을 했죠.
그런 찰나에 MBC가 파업을 한 거였죠. 그래서 고민 정말 많이 했
어요. 분명히 가면 이거는…….

Q. MBC에서 뽑는다는 걸 알게 되시고, 했던 고민들, 이런 건 어떤 거였나요?

고민은 그거죠. 파업을 한 기회, 그 기회를 노리고서 들어갔을 때.
진짜 솔직히 말하면 파업 그 이후의 상황들에 대해 네가 어떻게
대처를 할 수 있겠냐. 용기가 있겠냐 했을 때 그게 제일 걱정이 많
이 됐죠.

Q. 주위에 어드바이스하던 분들이 있었나요?

있었어요. 들어가면 힘들 거다. 모 방송사 선배도 힘들 거다라고 말해 주시고……. 그래도 한편으로는 들어가라, 힘들어도 부딪혀 보고. 후회 안 하는 게 낫지 않겠냐라고 말해 주시는 분도 있고……. 후자의 이야기에 기대고 들어온 거죠.

Q. 그러면 최종적으로 지원을 결정할 때 했던 생각은 어떤 것들이죠?

솔직히 기회라고 생각을 했죠. 지원한다고 100퍼센트 된다라는 생각은 안 했었어요. 우리 언론인 처음 준비할 때 방송 3사 들어가는 게 정말 힘들잖아요. 힘든 부분이고. 그래서 어떻게 보면 기회를 찾으려고 쉽게 온 것도 있고. 만약 된다면 열심히 해야 될 것이라는, 해 보자라는 생각.

Q. 기존 인력과의 갈등이 예상되는 상황이었는데

견뎌내야 한다라는 각오로 온 거죠. 제가 선택한 길이기 때문에, 힘들 거라는 거 알고 있었기 때문에.

(M09 인터뷰)

M09는 지난해 논문 연구 과정에서 인터뷰한 시용기자였다. 파업

당시 시용으로 입사한 기자와 개인적인 이야기를 나눠본 것은 이때가 처음이었다. 서로 어색할 수밖에 없는 자리였다. M09 역시 나의 정체성을 의식했는지 답변 태도가 매우 신중해 보였다. 대답 길이도 짧은 편이었고, 인터뷰 시간 역시 1시간을 겨우 넘기는 데 그쳤다. 여러 가지로 아쉬움이 남았지만 그래도 논문을 쓰는 과정에서는 인터뷰한 시용기자가 M09 1명이었기 때문에 여기에만 의존해야 했다.

논문 발표 이후 이 책을 쓰기 위해서는 시용기자 인터뷰가 추가로 반드시 필요하다고 생각했다. 조심스레 물색하던 와중에 연락이 닿은 M27은 이 연구에 호기심을 갖고 있었다. 이 책을 쓰기에 앞서 나는 논문 발표를 계기로 몇 군데 매체와 인터뷰를 한 적이 있는데, 그 가운데 하나를 읽고 흥미를 품게 된 모양이었다. 그래서인지 M09에 비해서 좀 더 개방적인 태도로 자신의 이야기를 공유해 주었다.

Q. ○○○○(*특정 회사)에서 일할 때는 그 회사가 나랑 안 맞는다고 생각했나요?

네. 왜냐면…… 저는 회사 규모도 작고, 또 다들 패배주의적 의식에 젖어 있는 것 같은 게 싫었어요. ○○○○ 아무도 안 봐. 대충 만들자……. 그런 의식들이 강했거든요. 영향력을 끼칠 수 없던 것도 있고, 기본적으로 제가 실력이 없었던 것도 있겠죠.

잉여와 도구

Q. 그 정도인가요?

사람마다 좀 다른데, 제가 당시 같이 일했던 분들은 저한테 그런 걸 좀 주입하시는 분들이 몇몇 있었어요. 선배 나 이런 거 해 보고 싶은데 어때요? 이러면 야 대충 둘둘 말고(*'업무를 대충 한다'는 뜻의 언론계 은어) 빨리 집에나 가. 퇴근하자. 쓸데없는 생각을 하니. 이러시니, 저의 혈기로서는 이해할 수 없었고…….

Q. 정규직이었나요? 급여나 후생을 물어봐도 될지?

네, 정규직. 사실 그런 것도 되게 안 좋았어요. 제가 처음 들어갔을 때 너의 급여는 ○○○○(*구체적 액수)부터 시작한다, 연봉이. 그게 세전이에요. 그러면 세금 빼면 돈이 너무 안 되잖아요. 주말 근무 수당 이런 것도 하나도 없어요. 그러니까 그렇게 불합리하게 살고 싶지도 않고. 중소기업 수준도 안 되잖아요. 이렇게 살아야 되나……. 그런 것도 별로였고.

Q. 그 당시에 MBC 내부 상황이나 이런 거에 대한 파악은 어느 정도나 하고 있었나요? 이게 어떤 맥락에서 뽑는 거구나라든지.

파업이 되게 격렬했다는 건 알고 있었어요. 나름 자기들이 명분을 갖고 이 회사 구성원들이 치열하게 하는 거구나……. 그런 것까지 알고 있었지만 이것과 취업은 별개다라고 생각했고. 그때 누가 그러더라고요? 너는 이 회사 입사하면 영혼 없는 기자로 살 텐데 그런 거 감수할 수 있겠니? 그래서 그랬죠. 사람들이 아무도 안 보는 뉴스 만드는 것보다는 더 영혼이 있을 것 같다고 말했어요.

Q. (파업 이후에) 정식으로 시험을 봐서 들어가는 게 좋다고 생각할 수도 있었을 텐데?

사실 그때 개인적인 상황들도 복잡하고 그래서 멘탈이 되게 붕괴된 상태였어요. 다른 게 그렇게 크게 보이지 않았어요. 뭔가 돌파구를 찾아야겠다라는 게 컸는데…….

Q. 그 당시에 대체 인력이다…… 파업한 기자들 빈자리로 오는 거다. 그런 입장도 기자협회에서 내고 그랬는데, 그거에 대한 고민은 어느 정도나?

그게 이제, 나한테 누군가가 직접 이야기한 게 아니잖아요. 인터넷이나 기사로 보는 그런 건데. 이거는 길게 봐야 한다. 길게 보고 입사해 지금이 기회야. 그렇게 말하는 사람들이 주위에 있었어요. 권유를 하는 거예요.

맞다. 또, 아닌 분도 있었어요. 생각해 보니까. 쌍욕을 하고 끊은 분도 있죠. 근데 그건 크게 귀에 들리지 않았어요. 왜냐면 나도 절박했으니까.

(M27 인터뷰)

나는 파업이 끝나고 입사했던 경력기자 M07에게도 비슷한 질문을 해 봤다.

Q. MBC 올 때, ○○○○ 년이었죠? 어떻게 해서 오게 되셨는지?

전 예전부터 생각이 언론은 주인이 없어야 된다는 생각이 확고했던 것 같아요. 앞선 회사들에서 그걸 경험했던 것 같고. 사주가 있었을 때 언론의 취약해지는 것들이 저는 별로 안 맞더라고요. 그래서 결국엔 내가 사주가 없는 회사에 가서 일을 해봐야 될 것 같다는 생각이 있었던 것 같고 그러면 갈 수 있는 회사가 K(*KBS) 랑 M. 만약 K도 경력 뽑았다면 어플라이(*apply, 지원)했겠죠. 그리고 M도 원래 가고 싶었던 곳이고. 순진한 생각이었겠지만 사주가 없다는 게 아주 큰 매력이라고 생각을 했고, 그게 자율적으로 잘 돌아가는 회사라고 알 수 있어서 그게 맞다고 생각을 했죠.

Q. MBC는 자율적인 분위기가 전혀 아니었을 텐데, 그래서 장기 파업도 했고⋯⋯. 그런 부분들은 얼마나 알고 있었나요?

순진했던 것 같아요 지금 생각해 보면. 그래 어떻게든 가서⋯⋯. 파업하고 있으니까 정말 진짜 안일하고 순진한 생각인데 내가 가서 힘을 좀 보탤 수도 있겠다. 전적으로 대의에 공감하는 부분이 있으니까 힘을 보탤 수 있겠다 생각했죠.

Q. 파업 이후 해고자도 나오고 쫓겨난 기자들도 있고 해서 새로 들어오는 기자들에 대해 기존 인력들의 반감이 심했는데.

(그런) 정보는 잘 몰랐던 것 같아요. 그리고 지금 보면 아무리 그런 정보를 취합했다 하더라도 결국은 둘 중 하나였던 것 같아요. 갈 거냐 말 거냐의 문제. 그게 크게 좌우하지는 않았을 것 같고, 그 정보가 저한테 도움이 됐을까? 약간 의문이 들어요. 비집고 들어오기 힘들 거야 이런 얘기들이거든요. 상당히 힘들 거야, 이런 톤⋯⋯. 결국은 부딪혀야 하는 건데 그때 자문을 구했던 사람들이 들어오는 게 나쁘진 않을 건데 상당히 한동안 힘들 것 같아 그런 얘기들을 많이 해줬죠.

인터뷰어로서 내가 이들 시용·경력 기자와의 라포(rapport)[51]가 충분하지 않았다는 점을 전제하고 이들의 인터뷰를 분석해 보면, 우선 이들은 MBC 입사 이전 상대적으로 군소 매체로 분류되는 곳에서 근무했다. 이들은 당시 근무했던 매체 및 기자의 위상과 보도 영향력, 또 급여 및 고용조건, 후생과 같은 물질적 조건이 매우 열악하고 불안정하다는 문제의식을 갖고 있었다. 이것이 이들로 하여금 MBC 지원을 결심하게 한 핵심적인 배경으로 보인다.

장기 파업으로 노사 간 극한 대립이 벌어진 MBC의 상황, 또 입사할 경우 기존 구성원들과 갈등이 빚어질 것에 대해 이들은 어느 정도 파악하고 있었다. 그러나 그 문제가 이들에게 있어 MBC 지원을 포기할 정도의 무게는 아니었던 것으로 보인다. '파업 대체 인력으로 활용될 것이 분명한 상황에서 이들의 입사 행위가 기자로서 타당한 것인가'라는, 기존의 MBC 구성원들이 가장 문제의식을 갖고 있는 물음에 대해 이들은 그렇게 치열하게 탐구했던 것 같지는 않았다. 또 이들은 모두 지원을 앞두고 나름대로 MBC 내부의 지인 또는 동료 기자들을 상대로 자문을 구했다는 공통점이 있었는데, 이미 이들의 마음속에 각자의 이유로 인한 모종의 결심이 있었고 그 결심에 맞는 자문을 취사선택한 흔적이 엿보였다.

---

51 '면접자와 피면접자 간 상호 이해를 할 수 있는 감정 이입의 상태가 형성되어 있는지'의 맥락에서 사용되는 용어로 면접조사, 상담 등에서 중요한 문제다.

도구적 기자의 경험과
감정 구조

이렇듯 도구적 기자는 다양한 범주로 나뉘지만, 파업 후 보도국에 돌아와 뉴스를 생산하는 기자들은 이전의 보도국 분위기와 구체적으로 어떤 차이를 실감했을까?

패배주의와 무력감
그리고 공포

Q. 파업 직후 올라갔을 때(*보도국 복귀), 파업 전과는 분위기가 어떻게 달랐나요?

잉여와 도구

솔직히 파업 전에는 그렇게까지 막 절박하게 뉴스를 하진 않았던 것 같애요. 근데 파업 직후에는 부서 분위기가, 보도투쟁을 더 열심히 하자는 분위기……?

Q. 갈등이 있었을 것 같은데, 간부나 경영진과?

초장에는 비판적인 아이템을 한다고 해서 바로바로 징계를 내리거나 인사이동을 시키거나 그러지 않았어요, 생각해 보면. 파업 직후에는 우리가 공정방송 배지도 달고 스탠드업 하고 그랬었어요.[52] 그래서 주의 조치 받았나? 그런 것도 있었고요. 그때만 해도 회사가 그렇게 공세적으로 나오진 않았던 것 같아요.

근데 그해(2012년) 하반기쯤부터 바로 기자를 (밖으로) 날리고 징계를 주고. 다음 해 넘어가면서는 더 심해졌던 것 같고요

Q. 그래서 어떤 기조로 있었나요?

기조 자체는 그 전과 비슷하긴 했는데, 저희가 공정방송 배지나 아이템 안 나가고 기자들 쫓겨나고 이런 것들 때문에 내홍을 겪어

---

52 2012년 파업 직후 전국언론노조 문화방송본부는 '복귀투쟁 지침 4호'로 '전 조합원은 조합이 배포하는 투쟁 상징물을 항상 패용 또는 비치할 것'을 조합원들에게 권고했다. 당시 노조가 제작한 투쟁 상징물은 공정방송이 새겨진 배지였으며, 파업에 참가했던 기자들 일부는 이 배지를 패용하고 방송에 출연하기도 했다.

서, 부서 분위기가 할 수 있는 건 하되 약간 너무 노골적이라고 오해받을 수 있는 아이템은 피하거나 에둘러서 하자는 분위기가 생겼던 것 같아요.

그리고 2014년부터는 정말 조심했거든요. 왜냐면 이미 시용과 경력들이 많이 들어와서 기자들이 많이 대체가 된 상태였고, 우리가 쫓겨나면 애들이 더 들어오니까.

(M12 인터뷰)

파업 종료 이후 '지시/통제에 잘 따를 것'을 요구당한 도구적 기자, 특히 파업에 참가했다가 복귀한 기자들 일부는 초기에는 경영진을 향해 저항하거나 적극적 교섭을 수행하려는 실천을 드러내기도 했다. 공정방송을 요구하며 장기간 파업을 했던 만큼, 파업 패배 이후의 상황이 녹록치 않다고 해서 호락호락 경영진의 도구가 될 순 없다는 의식이 있었던 것으로 보인다.

가령 2012년 하반기, 사회1부의 기자는 「한겨레」 기자의 정수장학회 도청 의혹 관련 내용을 리포트하라는 간부의 지시에 대해 "정확한 사실 확인이 되지 않은 상황에서 무리한 보도를 할 수 없다"며 거부하기도 했고, 다른 기자는 보도국 내부 게시판에 MBC의 편파 보도 및 인사관리 기조 등에 대해 비판하는 글을 여러 차례 올리기도 했다. 또 기자들이 제작하는 〈시사매거진2580〉에서는 파업 이후에도 이명박 대통령 사저 의혹, 창조컨설팅의 노조 탄압 등 주요 쟁점에 대한 보도를 한동안 이어갔다.

그때만 해도 파업 직후였기 때문에……. 원래 MBC 기자정신이 (웃음) 저희가 트레이닝 받은 게 있잖아요. 기본적으로. 막 옳지 않은 기사를 쓰면 안 된다는 트레이닝 자체가 몸속에 남아 있던 시기였던 것 같아요. 2012년이었으니까요.

그땐 그랬는데 4년 지난 지금은 그것도 불가능하다, 어림도 없다고 생각해요. 그때 그나마도 할 수 있었던 건 아직 (통제가) 체계화되지 않은 상태여서…….

(M13 인터뷰)

2014년 세월호 참사 이후에도 해당 사건과 관련해 경영진의 뉴스 편집 기조에 반발하며 저항하는 사례들이 있었다. '유족의 조급증 때문에 잠수사가 사망했다'는 식의 보도에 대한 비판과 불만을 SNS 등을 통해 공유한 기자들이 있었다. '장기 단식 중인 유족을 비판하라'는 취재 지시를 끝끝내 거부하지 못했지만, 뉴스 다음날 게시판에 글을 올려 잘못된 보도였음을 자인하고 성찰을 촉구한 기자들이 있었다. MBC 기자협회 또한 보도국 밖으로 배제된 기자들을 포함해 121명의 기자들이 참여한 공동성명서를 발표하고 자사 보도에 대해 반성과 개선의 의지를 드러냈던 바 있다.

부장들이 일단 세월호에 대해서 어떻게 하면 사건을 정확히 파헤칠 것인가에 대해 관심이 없었거든. 어떻게 하면 해경 탓, 청와대 탓을 가급적 TV에 안 나가게 할 것인가에 몰두했었거든. 그건 내가 기자라서가 아니라, 그냥 일반 시민이 상식적으로 생각해도 사건을 대하는 기본 태도로서는 틀린 거잖아. 그치? 그래서 굉장히 화가 많이 났었던 것 같애.

(M19 인터뷰)

그러나 이런 실천들은 뉴스를 바꿔 내지 못했다. 뉴스를 바꾸지 못한 정도에서 끝난 게 아니라 문제를 제기하고 앞장선 기자들이 징계를 받고 뉴스의 외부로 배제되는 결과가 촉발됐다. 정수장학회 관련 리포트를 거부한 기자, 사내 게시판에 자주 글을 올린 기자, 경영진을 비판하는 내용을 외부 언론과 인터뷰한 기자, 세월호 보도를 비판한 기자, 또 간부와의 충돌을 감수하며 국정원 대선 개입 의혹 사건을 취재하려 한 기자 들이 분명히 있었지만, 예외 없이 정직 이상의 중징계를 받거나 또는 잉여로 분류돼 외부로 배제되는 사실상의 강제 직종 전환 조치를 경험했다.

Q. 파업 이후에 인사 보면서, 이거 장난 아니구나 싶었던 게 있는지?

나는 기본적으로……, ○○○ 날아가는 거 보고 충격 많이 받았다. ○○○가 게시판(*보도국 기자들이 이용하는 내부 뉴스시스템 게시판)에 쓴 건 정말 너무 모더레이트(moderate, 겸손)하게 예의를 갖춰서 쓴 글이었잖아. 우리가 자유게시판에 자유롭게 얘기도 못하나? ○○○의 글은 진짜 예의를 갖춰서 쓴 글이었는데 (보도국 밖으로) 날아가는 거 보고 되게 충격 받았어.

내가 이것 때문에 날아갈 수 있겠다는 생각은 아니지만, 나는 원래 쓸 생각을 안 했으니까. 써 봤자 어차피 소용도 없고. 그건 좀 충격이었어. 아니, 이렇게 써도 날아가?

Q. 그런 게 다른 기자들한테도 좀 주효했다?

그렇지. 너무 심하잖아. 너무 심하니까 나도 그렇게 진보적인 편은 아니지만 그냥 에휴 저거 진짜 너무한다 화딱지가 나는데, 또 할 수 있는 건 없고. 그냥 최대한 스트레스 받지 말자, 이거지. 약간 이거야.

(M18 인터뷰)

물론 도구라는 호명에 불편함을 느끼며 경영진과 갈등한 기자들 전원이 이런 처지에 놓인 것은 아니었다. 그러나 그런 저항적 실천이 자신이 잉여로 전락할 가능성을 높인다는 사실 자체는 부정할 수 없었다.

게다가 그런 과정 자체가 기자들에게 피로감을 불러일으켰다. 이른바 정치적으로 예민한 아이템을 보도할 때마다 간부와 갈등을 반복하고 그 과정에서 분노와 고통이 누적되는데, 그렇게 힘들여 제작한 뉴스가 만족스럽지도 않았다. 심지어 시간이 더 지나서는 그런 뉴스에 대한 발제 자체가 불허되었고, 반대로 경영진의 지시를 수행하라는 압박은 더 강해졌다. 이런 과정이 경험적으로 반복되자 기자들은 점점 '보람도 없는데 굳이 힘들여 싸울 필요가 있는가' 하는 생각을 하게 되었다.

막말로 누가 저항을 하다 장렬히 전사해서, 그게 어떤 또 다른 분노의 기폭제가 되고 다른 저항을 불러올 수 있다면 모르지. 아니잖아. 이건 그냥 개죽음인 거야. 저항한 사람 쫓겨나고, 동조한 사람 쫓겨나고. 그 자리에 누구 들어와. 진압군이랑 그 졸병들 들어오잖아. 남은 사람들은 어떻게 될까. 진압군을 향해 저항할까? 아니지. 더 위축되지. 다 봤는데. 역시 해 봐야 안 돼, 해 봐야 저렇게 될 뿐이야 하는 학습효과만 강해졌지.

그리고 또, 어떻게 해 봐야 이미 일베 뉴스잖아. 지금 우리가 하는 저항이라는 게 뭐야. 당신들 일베 뉴스 너무 심하게 하는 거 아닙니까? 이 정도 외치다가 전사하는 건데, 그러면 그게 받아들여져서 적당한 일베 뉴스 하면 괜찮은 거야? 아니잖아. 일베 뉴스 자체가 문제인데. 적당한 일베 뉴스를 하자고 저항하다가 전사하자?

잉여와 도구

너무 소모적이라는 거지. 지금은 일단 버티고 살아남는 게 우선일
수밖에 없어.

(M01 인터뷰)

결국 이 지점에서 도구적 기자들 역시 잉여적 기자들과 마찬가지로
'분노의 외사'가 좌절되는 경험을 학습하게 되었다. 자율적인 발제와
독립적인 취재를 강력히 통제하는 경영진을 향해 분노해 봤지만, 분노
하고 대항하는 나와 동료들에게는 힘이 없었다. 그리고 상황은 언제나
바뀌지 않았고 되레 악화됐다. 이런 프로세스를 반복 경험한 기자들은
무력감을 체화하게 되었다. 결국 이들은 자신의 무능력함을 절감하면
서 분노를 내사했고, 그 결과 타자로의 예속을 택하고 있었다.

**Q. 회사가 기자들을 통제하기 위해 썼던 핵심 전략은 뭐라고 생각
하나요?**

공포지 뭐. 공포 조성. 너네 까불면 이렇게 되는 거야. 징계 주고,
정직 때리고, 해고하고.

Q. 그런 게 무섭나요?

무섭진 않아도 효과적으로 작동했잖아요. 선배들이 항상 그렇게

얘기하잖아요. 게시판에 글 쓰지 마라. 튀는 행동 하지 마라. 지금 이런 상황에서 괜히 나대 가지고 쟤네들한테 빌미를 줘서 좋을 게 없다. 이러잖아요, 항상. 그게 좋게 말해서 그렇지. 공포잖아요, 공포. 다칠까 봐 걱정되고.

Q. 그래도 기자인데. 파업도 그렇게 오래했고, 더 공포를 느낄 만한 게 있나요?

그러게 말이에요. 있는 것 같던데. 사람들이 초반에는 게시판에 글도 많이 쓰고 그랬는데. 안 하잖아요, 아무도. 해 봤자 될 것 같지도 않고. 근데 돌아오는 건 보복뿐이고. 안 그래도 너무 신물이 나고 지쳐 죽겠는데. 또 그럴 필요 있나, 그런 회의? 어차피 지금 달라질 것도 없는데 괜히 해 가지고서 괜히 우리끼리 다치는 그런 건 하지 말자……

Q. 본인도 그런 판단에 공감하는지?

저는 파업 때부터 그런 입장이었어요. 자꾸 글 쓰고 SNS에서 누구랑 싸우고 그러는 게 효과적인 방법이 아니다. 뭐가 달라지지 않는다. 괜히 감정 소모만 크고 상대방을 자극만 할 뿐이지 결국엔 안 좋은 걸로 돌아오고 우리만 다친다…… 그리고 실제로 다

쳤을 때 본인들이 감당을 못 하더라고요. 난 정말 다칠 줄 몰랐어 이런 것처럼 다들 울고불고……. 엄청 데미지를 받더라고요. 그러니까 제가 볼 때는 맞아요, 공포가. 효과적으로 작동했어요, 사람들한테.

(M02 인터뷰)

이런 무력감은 잉여적 기자들에서도 관찰된 정서이기는 하지만, 그 정도를 보면 도구적 기자들이 더 심하게 체화하고 있던 것으로 보인다. 잉여적 기자들의 경우 노동 현장에서 저널리즘 실천을 할 일이 없어진 만큼 이 문제로 경영진과 갈등할 일은 적었다. 그러나 도구적 기자들은 계속해서 노동 현장에서 저널리즘을 실천하고 있는 만큼 갈등과 좌절, 체념을 경험하거나 목격할 일이 더 많았다. 다시 말해 잉여적 기자들에게서는 무기력감보다는 모멸감과 소외감이 두드러졌으며, 도구적 기자들은 모멸이나 소외의 감정보다는 무력감과 수치심을 크게 느낀 것으로 보인다.

내가 농담 삼아 얘기하잖아. 일제 치하 식민지 시대 총독부 관료들의 심정이라고. (보도국에) 남아 있는 애들은, 조선총독부 일반 관료들. 앞장서서 저항하던 애들은 다 날아가고, 우린 그냥 관료로 있는 건데. 그 사람들 날아가는 걸 봤으니까 어떻게 될지 정권이 바뀔지 어떻게 될지 모르는 상황에서…… 나가서 고초를 당하는 걸 보잖아. 이 새끼들이 장난이 아니니까.

다들 그냥 더 아 시발 진짜 세상이 더럽고…… 조용히 살아야 되겠다. 진짜……. 뭐하러 그렇게 힘들게 저항하고 그러다가…… 세상이 그런데. 마음 고생하면서 저항해 봤자. 이번에 ○○○ 선배 일 알고 나서 어떤 후배랑 그런 얘기 했어. 더 그냥 조용히 살아야 되는 것 같다는 생각이 든다…….

(M18 인터뷰)

이렇게 도구적 기자들은 패배주의를 만성화하면서 스스로가 경영진의 도구라는 현실을 수용하게 되었다. 이후 취재보도 업무를 하는 과정에서 때때로 '내가 이러려고 기자가 됐나' 하며 자괴감을 느끼기도 하지만, 더 이상 그런 감정을 경영진에 외사하지 않기로 한 것이다. 경영진에 의해 길들여지는(domesticated) 현실을 수용한 것이다.

"주어진 환경에 맞춘다"

한편 시용·경력 기자 그룹은 자신들을 도구로 활용하려는 경영진의 계획, 그리고 이에 따른 저널리즘 수행의 한계를 입사 전부터 어느 정도 예상하고 이를 감수하겠다고 마음의 준비를 해 왔던 것으로 보인다.

잉여와 도구

물론 실제로 노동 현장에서 경영진의 강제를 경험하면 때때로 다소 답답한 심정을 느끼기도 했다. 그러나 이들은 입사 전부터 각오를 하고 들어온 만큼 심리적 스트레스를 최소화하려는 경향을 나타냈다.

Q. 보도국의 편집 방향이나 컬러. 세월호 사건 같은 것도 있었고. 노조에서 민실위 보고서를 낸다거나 문제제기하는 것들이 있는데, 그런 거에 대한 입장은 어떤가요?

일만 하려고요. 생각을 해 봤자 뭐 달라질 게 없잖아요, 솔직히……. (침묵) 다들 지금 뭐…… 회사 들어올 때 정치 색깔 없이 일만 하겠다고 말했었고. 지금 회사가 어떤 방향, 색을 띠고 있다고 해도, 제가 주어진 환경에 맞게 일을 해야 되겠다는 생각입니다. 지금 솔직히 다 보면…… 기존에 있었던 선배들도 지금 전부 다 환경에 맞춰서 일하고 있잖아요.

Q. 늘 그런 마음인가요? 아니면 문제라고 생각해 본 적도 있는?

진짜 사람으로서, 개인적으로 아 이건 아니다 느낄 때가 있죠. 근데 있다 한들, 말한다고 바뀌어지는 게 아니잖아요.

(M09 인터뷰)

(*특정 리포트를 거론했지만 생략) 그게 정치색을 떠나서, 말이 안 되잖아요. 불합리하다고 해야 되나, 쪼잔하다고 해야 되나? 다른 사람을 까는 것도, 위에서 원하는 게 있을 수도 있겠지만, 이렇게 유치한 리포트는 하고 싶지 않은 거죠. 그리고 팩트 자체가 틀렸는데. 이렇게 일방적으로 까는 게, 유치하게 까는 게 싫은 거예요. 틀린 팩트로.

Q. 그럼에도 거부하지 않고 그걸 하는 이유는요?

저도 무섭잖아요. 분명히 우리 회사에서 이런 거 안 하면, 쫓겨날 위험이 언제나 있는 거고. 낙인 찍힐 위험도 큰 거고. 그럴 바에는 적당한 선에서 해결을 해 보자. 이런 생각이 있죠.

Q. 경영진 입장에선 좀 우호적으로 바라볼 수 있는 그룹인데도 그런 게 두렵다고 할 수 있나요?

그렇죠. 네. 왜냐면 어디서도 인정을 못 받는데, 여기서조차 삐끗해서 더 인정을 못 받으면 회사생활이 어렵다는 불안감 같은 게 있죠.

(M27 인터뷰)

잉여와 도구

무엇보다 이들은 노동 과정에서 저널리스트로서 다소 혼란스러운 상황을 접하더라도 '시용·경력 기자'라는 자신의 정체성을 되새기면서 경영진과 자신을 동일시하려는 경향을 드러내기도 했다. 극단적인 노사 갈등 상황에서, 노조와 기자협회 등의 강력한 반발을 무릅쓰고 자신들을 뽑아준 이들이 현재의 경영진인 만큼 여기에서 자유로울 수 없다는 것이다.

또 도구화된 자신의 정체성에서 상실감을 느끼는 경우도 간혹 있었지만, 이전에는 갖지 못했던 'MBC 기자'라는 새로운 지위를 보유하게 된 것으로 자족하며 현실을 견뎌 내려는 모습이 관찰되었다.

> 정말 솔직히 말씀드리면 어쨌거나 회사가, 어떤 입장에서 저희를 뽑았다는 걸 알고 있기 때문에 어느 정도…… 뽑아주신 데 대한, 그런 기조에 대한 의리는 지켜야 된다는 생각을 좀 가지고 있기는 해요. 지금의 저를 있게끔 해 준 게 회사니까. 그거는 좀 이렇게 말씀드리고 싶어요. 그래서 좀 아니다 싶은 생각이 들 때도 참을 수밖에 없는 거죠.
>
> **(M09 인터뷰)**

다만 시용·경력 기자 그룹 가운데에서도 시간이 지나면서 뉴스 편집 방향이나 비인격적 인사관리 등의 문제와 관련해 경영진의 입장과 거리를 두려는 듯한 이들이 나타났다. 전체적으로 보면 소수이긴 하지만 말이다.

이런 경향은 전국언론노조 문화방송본부에 가입하거나 뉴스 제작 문제를 놓고 보도국 간부들과 갈등하는 등의 실천으로 드러났는데, 파업 당시 입사한 시용기자보다는 파업 종료 이후 입사한 경력기자 사이에서 주로 관찰됐다. 이들은 '우리는 시용기자와 달리 파업 종료 이후 MBC에 들어왔다'는 점을 기제로 시용기자와 자신들을 구별하면서, 언젠가 파업 참가 기자들과 저널리즘 가치를 공유·실천할 것을 기대하는 모습이었다.

이런 경력기자 집단에서는 일상화된 체념과 무력감, 분노의 내사화 같은 측면에서 파업 참가 기자들에 비해 강도는 낮지만 상당히 유사한 감정 구조를 관찰할 수 있었다. 2017년 8월 현재 MBC 기자협회가 진행하고 있는 '제작거부'에는 약 30여 명의 경력기자가 참여하고 있다. 파업 이후 입사한 전체 경력기자(시용기자 포함) 가운데 1/3 정도의 수준이다.

수치심과
혐오

패배주의는 거기서 끝나지 않는다. 체화되고 내재된 기자의 정체성이 현재의 문제적 상황을 외면할 수만은 없게 하기 때문이다. 외면할

잉여와 도구

수 없기 때문에 생기는 마음가짐은 어떤 것들일까?

소위 말하는 덜 쫓겨난 사람들이랄까, 그런 사람들을 나도 종종 보는데. 한 번도 내가 꺼내고 묻지 않아도 늘 나를 만나면서 죄책감을 갖고, 설명을 하려 하고. 만날 때마다.

'저희가 선배를 뵙자고 한 것은…… 혹은 저희처럼 비겁하게 사는 놈들 자주 보고 싶지 않으시겠지만…… 저희가 밖에 나간 애들처럼 고생하는 것도 아니고 그렇다고 안에서 용기 있게 무슨 바른 말 하는 것도 아니고 비겁하게 사는데…… 때로는 나한테 회사 간부들의 악행을 막 전해 주다가도, 선배께 이런 말을 하고 있는 제 자신이 너무 비루하게 느껴집니다…….'

이 사람들도 정서적으로 건강하지 않아.

(M22 인터뷰)

수치심(shame)이란 사회적으로 당당하거나 떳떳하지 못하여 부끄러움을 느끼는 마음이다.[53] 즉 누군가의 사회적 기대를 충족하지 못했을 때 느끼는 감정이다. 해직자인 M22가 언급한 이들에게서 관찰되는 정서의 핵심은 바로 이 수치심이다.

감정사회학자 캠퍼(Kemper, T.)에 따르면[54] 수치심은 크게 두 종류

---

53 주 41번과 같은 책.
54 주 44번과 같은 논문.

로 구분되는데, 첫째는 '외사된' 수치심이다. 이는 타인이 자신보다 과도하게 높은 위치에 있다고 느낄 때 생기는 감정으로, 화와 적대감의 형태로 나타난다. 둘째는 '내사된' 수치심이다. 이는 자신의 무능력과 무기력함을 절감하는 데서 기인한 감정으로써 거북함이나 창피함 같은 형태로 표출되며, 순응과 회피라는 행위전략으로 이어진다.

잉여적 기자들 역시 수치심을 느끼고 있다. 문제적 현실에 더 저항하지 않고 실천을 유예하면서 살고 있기 때문이다. 그러나 비교해 보면 도구적 기자들이 느끼는 수치심이 더 크다. 잉여적 기자들의 경우 '그래도 우리는 어느 정도는 경영진을 향해 저항하다 그 결과 잉여로 분류된 것이며, 지금도 유예된 기자로서 손해를 감수하면서도 경영진과 타협하고 있지 않다'라는 그들 나름의 도덕감을 일정 부분 갖고 있기 때문이다.

그러나 도구적 기자들은 이와 경우가 다르다. 잉여적 기자에 비해 저항적 실천을 하지 못했다는 부끄러움, 지금도 뉴스 생산 조직에서 경영진의 지시를 받으며 그들이 원하는 뉴스를 만드는 데 일조하고 있는 현실, 또 그 대가로 승진과 연수 등 경력계발 문제에서 이점을 누린 사실 등으로 인해 더 깊은 수치심을 형성하고 있다.

이런 감정은 캠퍼가 분류한 기준에 따르면 '내사된 수치심'이라고 볼 수 있다. 기본적으로 무력한 자신에 대한 실망감에서 비롯된 것이기 때문이다. 이에 따라 이들은 잉여적 기자들을 향해서는 물론이고

잉여와 도구

스스로를 보면서도 거북함이나 창피함을 느끼며, 문제 상황을 회피하려는 경향을 나타내고 있었다.

> 난 사쿠라로 알려져 있고 후배들 중에서 날 배제하는 애들도 많이 있을 거야. 그래서 나도 걔네들 만나는 게 저어돼. 나에 대한 마타도어도 하지 않겠니. ○○○(*인사상 이익의 맥락임)도 하고 얼마나 꿀 빨아먹은 놈이냐. 아, 저 새끼는 정권 바뀔 거 같으니까 연락하는구나. 이렇게 볼 수도 있는 거야, 사실은.
>
> **(M26 인터뷰)**

이와 동시에 도구적 기자들은 다른 차원의 수치심, 즉 외사된 수치심도 강하게 지니고 있었다. 이런 감정은 주로 시용·경력 기자 그룹을 향하고 있었다. 외사된 수치심은 타인이 '과도하게' 나보다 높은 위치에 있다고 느낄 때 생성되는 감정이라고 했는데, 실제로 도구적 기자들은 시용·경력 기자들에게 이와 유사한 감정을 갖고 있었다. 이것은 '그들이 자질에 걸맞지 않게 MBC 기자라는 지위를 차지하고 있다'는 감정이었다.

> 솔직히 말하면 지금 보도국에 있는 사람들의 삶의 질을 가장 깨는 절대적인 건, 그런 기자로서의 일 못하는 그런 것보다는, 시용 경력과 함께 섞여서 일하는 게 가장 큰 스트레스예요. 정말 하……

Q. 왜 그런 걸까요?

얼굴도 쳐다보기 싫은 걸 어떻게 설명을 하겠어요. 물론 그 중에
도, 좀 나은 경우가 있고, 정말 아주 분노하게 하는 사람도 있는데,
좀 나은 사람이 10명이어도 분노케 하는 사람이 1명 있으면 그 사
람밖에 안 보여요. (웃음) 정말 그것 때문에 회사 그만두고 싶어요.
정말 솔직히, 뉴스 문제보다도.

Q. 그들과 융화할 수 없는 이유가?

이걸 잘 봐야 되는데, 그들과 내가 함께 MBC 기자라고 있다는 것
자체가 굉장히 모욕적이죠. 모욕적인 이유는, 제대로 된 사람이
없으니까. 예를 들어서 제가 ○○○부 있을 때 ㅁㅁㅁ(이)라고 있
었어요. 일 정말 잘하더라고요. 취재를 잘해요. 솔직히 제가 입사
한 이후에 그 출입처에서 그렇게 특종이 많이 나온 역사가 없었어
요. 그런 애 같은 경우엔 제가 인정하게 되더라고요. 이건 인정 안
할 수가 없다. 얘가 와 가지고 우리 회사의 경쟁력이 높아진 건데,
어떻게 얘를 인정하지 않을 수 있을까.
근데 그 외 대다수의 애들이, 정말 참을 수 없는…… 기자로서. 너
무 수치스러운 기사 주는 걸 그대로 시키는 대로 다 하고, 기자로
서 하면 안 될 행동들을 나가서 한다든가. 단신 하나, 리포트 하나

잉여와 도구

쓰는 것도 도저히 기자라고 할 수 없는 수준을 보여주면서. 근데 노력도 하지 않으면서 자긴 MBC 기자라고 뻐기고 다니고. 그런 것들이 도저히 그런 이들과 함께 내가 MBC 기자라는 이름을 갖는다는 게. 나의 자존감에 상처를 주는 거죠.

Q. 그런 장면들을 보면 기자로서 그동안 바람직한 모델이라고 그려 왔던 거랑……

너무 머니까. 너무 멀죠. 그러니까 내 삶이 깨진다는 거예요. 그런 사람들이 MBC 기자라고 내 옆에 앉아 있잖아요. 그런 것 자체가 나의 자존감을 너무 무너뜨리는 거예요.
왜냐면 특히 MBC 기자들은 좀 자부심이 대단했던 사람들이잖아요. 젊은 기자들 같은 경우에 기자로서의 소명의식이라든가 그런 것도 여느 언론사보다 강했던 사람들이고. 그러니까 볼 때마다 스트레스인 거예요. **(M20 인터뷰)**

이런 수치심은 시용·경력 기자들이 파업과 파업 이후라는 특수 상황 속에서 그들의 수준에 비해 '과도하게 높은 지위'를 허락받았다는 공감대에서 비롯되었다. 기존의 기자들은, 정도의 차이는 있겠지만 MBC 입성을 위해 각고의 노력을 했고 또 기자가 된 이후에도 존경할 만한 동료들 사이에서 성장해 왔다고 생각하면서 강한 자부심을 내면화하고 있었다. 그런데 이 자부심이 시용·경력 기자들을 보면서 깨지고 있다는 것이었다.

결정적으로 그렇게 파업 이후 대체되는 과정에서 MBC 기자라는 자부심을 지니게 해 줬으며 내가 존경할 만했고 내 가치를 끌어올려 준 선배와 동료 들이 쫓겨났다고 기존의 구성원들은 판단하고 있다. 외사된 수치심은 더욱 커질 수밖에 없었으며, 그런 감정은 화와 적대감이라는 구체적인 형태로 나타났다. 점점 커진 화와 적대감은 결국 '혐오'의 형태로 발전하게 되었다.

경력으로 들어온 애들? 그럴 수 있어. MBC라는 이름을 갖고 싶었겠지. 근데 그걸 생각했어야지. 들어왔다면 자기네들이 커먼센스(common sense, 상식)에 맞지 않는 뉴스를 생산하는 도구로 활용될 수 있다는 걸. 근데 그걸 알고서도 왔다? 몰랐다면, 더 나빠. 몰랐다면 기자라고 할 수 있어요? 사회에 대해 기본적인 시각조차 갖추지 않고, 들어와서까지 그런 지시를 그대로 따르면서…… 감정적으로 그런 애들은 용서가 안 되는 거죠.

그리고 가장 큰 부분은 우리 동료와 선배들이 아직 돌아오지 못한 자리에 걔들이 버젓이 와서 MBC 기자라는 이름을 달고. 또 솔직히 이게 맞는 얘기인지 모르겠지만 내가 여기 MBC 오기까지 학생 때부터 너무 가고 싶어서 엄청 노력하고 그 힘든 시절 버티면서 MBC 가서 좋은 리포트 할 거야 이렇게 힘들게 여겨 왔는데. 지금

잉여와 도구

뽑힌 애들은 사상검증 당하고 그렇게 훌륭해 보이지 않고 그런 애들이 들어오니까 (한숨) 감정적으로 그런 사람들과 어울릴 수 없다는 생각? 가치관을 인정하자, 이런 차원의 문제가 아닌 거예요.

(M02 인터뷰)

이렇게 발생한, 파업 참가 기자들의 시용·경력 기자 그룹을 향한 혐오는 따돌림이나 모멸감 주기 등 비인격적 양태로 나타났으며 지금도 일부 계속되고 있다. 그런데 역설적으로 그 대상이 된 시용·경력 기자들의 입장에서는 이런 행태가 비인격적 인사관리만큼이나 비인격적이었으며, 이들에게 적지 않은 심리적 외상을 남긴 것으로 보인다.

이와 관련해 나와 인터뷰한 시용·경력 기자들은 내 정체성을 의식해서인지는 몰라도, 파업 참가 기자들의 혐오적 정서와 행위에 대해 일면 '이해되는 부분이 있다'고 이야기하기도 했다. 그러나 자신들을 '기자'로 인정하지 않는 수준을 넘어서는 듯한 양상에 대해서는 아쉬움을 드러내고 있었다.

Q. 본인을 어떻게 대한다고 느꼈나요?

그냥 뭐 없는 사람 취급받을 때도 있었고……. 역적? 너는 평생 회사에 있는 동안 동료로 인정할 수가 없다. 네가 각오해라……. 이런 말 하시는 분들도 있었고.

Q. 그런 말 들으면 기분이 어땠나요?

아, 이해는 됐어요. 각오는 했기 때문에. 저도 입장을 바꿔서 한번 생각해 봤어요. 파업을 내려가 있었는데 비어 있던 공간에 누군가 와서 채운 거잖아요. 차지하고 있었던 거니까. 내가 바라보면 어떤 느낌일까. 얄밉지 않았을까. 밉지 않았을까. 그런 생각이 들더라고요. 그래서 그런 감정이 드는 게 또 느껴지고 그냥 조심했어요.

Q. 그러면 이해가 안 되는 측면도 있었나요?

이해 안 되는 측면…… 인간적인 모멸, 모욕이라든지 그런 거 당할 때…….

Q. 구체적인 사건이?

사건이라기보다는…… 사소한 거예요. 뭐 먹을 거 시켜놓고 우리는 구석에 이렇게 앉아 있는데 자기들끼리 먹고, 대화가 있어도 끼지도 못 하고……. 그런 것들이었어요. 말을 안 섞어요, 저희랑. 말을 안 섞고, 뭐하면 싸하게 돌아오는 그런 거 있잖아요. 왕따가 되는 거죠, 왕따.

잉여와 도구

Q. 호칭이나 인사 같은 건?

그렇죠. 야, 쟤네한텐 인사하지 마, 친하지 마, 선배라 하지 마…….

Q. 그런 것도 본인한테 쇼크가 됐나요?

쇼크 정도는 아니었고, 이렇게까지 해야 하나는 생각은 들었어요. 일적으로만 하면 안 되나라는……. 인간적인 부분, 그런 것까지 건드려야 하나. 그런 느낌을 가질 때가 있었죠. 분명히 후배인데 저한테 무슨무슨 씨 이러고, 일을 시켜도 듣지도 않고…….

(M09 인터뷰)

지금도 사실 저는 트라우마가 있는데, 마치 그냥 쓰레기가 된 느낌이었어요. 아, 그 사건 말씀드릴 수 있겠다. 좀 지난 거예요. 지난 건데……. ○○○ 부장이 한번 회식을 했어요. 사람들이 처음 왔다고. 물론 기대는 하지 않았죠. 근데 ○○○ 부장이 있고 그 옆에 □□□랑 △△△, ◇◇◇ 선배도 있었나? 밥을 먹는데 저희 경력들은 뒤에 따로 앉아 있어요. 근데 음식을 먹는데, 밥을 시켜 주지 않아요. 술도 권하지 않았어요. 다 마찬가지였어요, 부서장에서부터 구성원들까지…….

저는 어찌 됐든, 사람에 대한 예의가 아니라는 생각을 하거든요.

아무리 저 사람들이 아무리 나와 생각이 다르고 정말 그렇더라도…… 이야기를 하는 게 맞는 것 같아요. 최소한 그 사람이 사람인 건 인정을 해 줘야 되는 게 맞는 거잖아요. 그리고 진짜로, 그래서 솔직히 말씀드리면 제가 버텼어요. 그리고 옆에 이야기했어요. 한번 기다려봅시다 하고. 그게 20분 가요, 진짜로. 그때 한참 생각했어요. 정말 당황스럽네. 이게 뭐지?

Q. 그런 대우를 받으면 마음에 뭐가 생기겠죠?

아……, 없다고 하면 거짓말이죠. 당연히 있죠.

Q. 적개심 같은? 아니면 반발감?

물론 있죠. 물론 있죠. 그런데 이해는 돼요, 이해를 하면서도. 사람인지라 싫은 부분이 당연히 있죠. 저는 솔직히 말씀드리면 약간 기득권처럼 보였어요.

(M07 인터뷰)

이런 갈등은 후유증을 남겼다. 시용·경력 기자 그룹 역시 파업 참가 기자들을 향해 역혐오 감정을 형성하게 되었다. 사실상의 파업 대체 인력으로 입사한 이들은 '가해자'에 가깝다고 보는 것이 세간의 인

잉여와 도구

식이라고 이해해도 크게 무리는 아닐 텐데, 오히려 이들은 파업 참가 기자들이 가해자이며 자신들은 '피해자'라는 인식을 굳힌 듯한 모습도 관찰되었다. 두 그룹 간의 감정적 굴곡은 2017년 현재 여전히 깊게 패여 있는 상태다.

회사 들어오고 나서 그런 왕따 경험을 하다 보니까, 사람이 위축이 됐어요. 땅만 보고 다녀요. 아침에 일어나는 것조차 회사 가는 게 너무 끔찍한 거죠. 이렇게까지 내가 회사를 다녀야 되나……. 히키코모리처럼 맨날. 아무 말도 안 하고, 눈도 안 마주치고, 그런 것부터 해서 가서는 맨날 시녀처럼 일만 하고 다니고 쓸데없는 것만 하고 삽질만 하고 다니는데, 내가 무슨 얘기만 하면 사람들이 개무시하고 이러는데 내가 굳이 일을 해야 되나…….

Q. 그 사람들이 왜 그렇게 하는지에 대해 생각해 본 적은 없나요?

(잠시 침묵) 사실 거기까지 생각이 안 들었던 것 같아요. 왜냐면 내가 힘들고 마음이 아픈데, 왜 내가 저 사람들 마음까지 생각해야 되지? 그렇게 되잖아요, 사람이. 유치하다고 생각했어요.
아이템 회의 시간에 자기네들끼리 종이에 써서 막 얘길 해요. 이름 써서 욕하고. ×× 막 이러면서 지들끼리 깔깔거리고 웃어요. 그리고 그 종이를 놓고 나가는 거예요. 그걸 보면 우리 이름이 적혀 있어. 내 이름이 적혀 있어. 욕이 막 적혀 있어. 그걸 보고 아 저렇게 해야 되나. 그리고 회의 시간에 발제문을 사람들을 골라서 주는 거예요. 저 같은 사람한텐 안 주고.

유치하잖아요. 이렇게 유치하게 사람을 괴롭히나? 다른 선배들 얘기 들어 보면 훨씬 가혹하게 당한 분도 많아요.

(M27 인터뷰)

파업 참가 기자들은 왜 이들을 향해 자신들의 분노를 강력히 외사하며 혐오에까지 이른 것일까? 그 이유는 현재의 문제 상황을 유발한 경영진에 분노를 표출하지 못하고 안으로 삼키다 보니 거기서 축적되고 응결된 분노가 더욱 강력히 이들 그룹, 경영진과 동일시할 수 있는 이들 그룹을 향하게 된 것이라고 분석할 수 있다. 또 파업 참가 기자들이 기존에 공유하고 있던 기자 윤리 및 가치관에 비춰 봤을 때 시용·경력 기자들의 선택을 도저히 이해할 수 없던 측면도 존재했던 것으로 보인다.

그렇지만 혐오 감정의 형성 메커니즘에 합리성이 있더라도 그런 혐오를 직접적인 모멸이나 따돌림의 형태로 표출하는 것은 분명 논란이 제기될 수 있는 행위다. 그러나 파업 참가 기자들의 내부에서 이에 대해 문제를 제기하거나 성찰하려는 시도는 그다지 많지 않던 것으로 보인다. 외려 이런 행위 전략 자체를 타당하다고 판단하는 기자들이 상당수였다. 다만 내면적으로는 문제의식을 품은 기자들도 관찰됐다.

잉여와 도구

한마디로 이질적 집단과의 갈등 문제를 두고 파업 참가 기자들의 반응은 굉장히 복잡다단한 상태였다.

그렇게 남의 자리 빼앗고 들어와서 이제 좋은 동료까지 차지하고 싶은 건가 싶어요. 걔들이 힘들어 한다 이런 얘기 들을 때마다 저는 화가 나거든요. 그딴 걸로 뭐가 힘든가. 이쪽은 정말 죽고 싶은 사람들이 천지인데. ○○○ 선배는 자꾸 자살 충동을……. 이 얘기 들은 지 몇 달 됐는데, 한 1년 됐나? 정말 누구는 암 걸리시고. 정말 상상도 못할 스트레스를 매일 감내하면서 살고 있는데.
좋은 기자면 들어오지 말았어야죠. 좋은 언론인이었다면, 여기에 오지 말았어야죠. 여기 와 가지고 정의로운 사람 좋은 동료 코스프레까지 하고 싶은 건가 싶어서 저는 되게 싫어요.
지금도 제가 제일 믿고 따르는 선배들이 바깥에 계시고, 그 선배들 볼 때마다 그 자리는 그 사람들(*경력기자들) 자리가 아니다. 그 사람들 동료로 인정하면 안 된다고 생각하거든요. 그 사람들 어떻게 자기가 MBC에 들어왔고, 원래 그 자리가 누구의 자리였어야 되는지 알려 줘야 한다고 생각해요. 그냥 MBC 어차피 입사했으니까, 좋은 게 좋은 거지 하면 안 되고. 당신이 무슨 과정을 거쳐서 어떤 회사에 입사했는지, 저는 그 사람들이 그걸 매일매일 느껴야 한다고 생각해요.

(M25 인터뷰)

개인적으로는…… 너무 좀 티 나고 야박한 것 같기도 해요. 뭐랄까. 애기 같은 행동이죠, 불편함 때문에 편을 가른다는 건. 굳이 내가 애랑 가까워질 필요 없다면, 심리적 거리 내가 스스로 가지면 되는 건데. 어쨌든 업무적으로 회사의 녹을 받고 있는 입장에서 조직 차원의 따돌림 문화처럼 되는 것은 좋아 보이지 않는다고 생각하죠.

(M05 인터뷰)

자기정당화의 여러 논리

이렇게 복합적인 경험과 감정의 소용돌이 속에서 도구적 기자들은 스스로를 방어하고 안정을 유지하기 위해 자기정당화 기제를 발동해 온 것으로 관찰되었다.

먼저 파업 참가 기자들의 경우부터 보면 정당화 논리는 크게 두 갈래에서 작동하고 있다. 첫째는 자신과 같은 기자들이 1명이라도 더 남아 있는 것이 MBC의 뉴스와 조직을 위해 낫다는 논리다. 경영진의 비인격적 인사관리 기조에 따라 이미 보도국의 인력 구조가 시용·경력 기자 중심으로 재편된 상황에서 이들은 자신들의 저항으로 정치적 불공정성은 바로잡지 못하더라도 자신들이 쌓은 경험과 전문성

등을 활용해 뉴스의 형식적 측면에서 기여할 지점이 있다고 생각하는 것이다.

좀 타협을 해서라도 남아 있는 게 맞는 것 아니냐는 기류가 있는 건 확실한 것 같아요.

Q. 남아 있음으로서 얻을 수 있는 이점은 뭐가 있을까요?

약간 알량한 자존심인데, 그래도 더 (뉴스가) 망가지는 건 막고 싶은 생각이 좀 있는 것 같아요. 정치적으로는 맞춰 줄 수 있지만, 아니 맞출 수밖에 없을 수도 있지만······. 일하는 FM(*field manual) 같은 건 아니까, 방송 펑크 안 나고, 되게 허무한 데서 물 먹고(*낙종) 그런 것 좀 막아 보자라는. 알량한 자존심이나 애정 같은 게 있는 것 같기도 하고.

남은 사람들은 남은 사람대로 그런 생각 해요. 나가 있는 사람들이 뉴스 개판이라고 욕할 수 있지만, 남아 있는 사람들은 되게 혼자 다 하는 것도 많고 그러고 있거든요.

(M16 인터뷰)

역설적이지만 '1명이라도 더 남아 있는 것'이 저항이라는 목적에 상대적으로 부합한다는 논리도 MBC 기자 조직 내에 상당히 팽배해 있는 듯했다. 어차피 저항을 해도 현실이 바뀌지 않는다면, 아니 바뀌지 않는 정도가 아니라 오히려 저항하는 주체가 쓰레기로 폐기되고 그 자리에 새로운 도구들이 들어와 '체제'를 더욱 공고하게 한다면, 그보다는 차라리 현상 유지가 낫지 않느냐는 것이다.

더 반항을 해서 저희가 얻을 거는 더 잃는 거밖에 없는 거예요. ○○○ 선배가 (사내 게시판에) 글을 써서 나가리가 되고……. 찍 소리를 내면 1명씩 더 잃는 거죠. 제가 ○○○ 선배한테도 제발 글 쓰지 말라고 얘기하는 거는, 당연히 글을 쓰고 싶으시겠죠. 지금 이 상황을 보고 안 쓰고 싶은 사람이 누가 있겠어요. 근데, 선배가 글을 써서 얻을 게 뭐냐. 선배가 더 아웃사이드로 가는 결과밖에 없는 거예요.

예를 들어서 ○○○ 선배가 글을 써서 나갔어요. 그러면 더 좋아질까요? 저는 오히려 그 선배가 가만히 있어서, 우리 사람이 쪽수가 많아져서 나도 버틸 만하고 선배도 버틸 만하고 그래서 상황이 나아졌을 때 좀 더 힘을 키우는 게 더 나을 것 같다는 생각이 들었거든요. 그래서…… 지금 MBC 상황도 사람들이 불만이 없지 않을 거예요. 당연히. 다들 가슴에 품고 있죠. 근데 지금 뭘 해 봤자 돌아오는 건 개인의 상실밖에 없기 때문에…….

(M13 인터뷰)

잉여와 도구

정당화 논리의 두 번째 갈래는 현실적으로 기자로서의 생활을 계속 유지하는 것이 가져다주는 장점에 주목하는 맥락, 즉 스노비즘이었다. 이들의 스노비즘은 잉여적 기자의 경우보다는 좀 더 범위가 넓다. 경력 계발, 승진, 해외연수, 특파원 등 일반적으로 기자들이 지향하는 속물적 목표에 현재 잉여적 기자들은 완전히 차단돼 있다고 봐도 과언이 아니지만, 도구적 기자들에게는 어느 정도 열려 있었다고 볼 수 있기 때문이다.

결국 이런 자기정당화 논리가 내면에 굳어지면서, 이들은 현 상태를 유지하고 지켜야겠다는 안정 지향 심리를 강하게 발동하고 있었다. 온갖 경험과 감정이 소용돌이치는 가운데 간신히 현재 상황에 적응했는데, 현 상태가 흔들린다는 것은 다시 그 소용돌이 속으로 되돌아가는 것을 의미하기 때문이었다.

재밌는 것 중 하나는, 정말 희한한 건데 대부분의 사람이 인사철이 오잖아요. 그러면 다들 지금 있는 곳이 괴롭거든요? 다들 괴로운데 다들 또 거기서 안 나가고 싶어 해. 하나같이. 왜냐면, 여기서 어쨌든 이 괴로운 삶 속에서 난 적응을 했어, 지금. 그래서 이 괴로운 상황 속에서 살 길을 찾고 난 살고 있거든. 근데 어디로 가면 또 적응해야 되잖아요. 다 안 나가고 싶어해요.

(M20 인터뷰)

다들 저랑 똑같은 거예요. 갈 데가 없는 거예요. 여기 있으려면 그
냥 닥치고 조용히 시키는 대로 묵묵히 내 할 일만 할 수밖에 없다.
그걸 부장이 너무 잘 아는 것 같아요. 그러니까 복종하게 되고, 문
제 일으키지 않고, 눈치 보고.

되게 자괴감이 느껴지죠. 저 사람이 대단해서가 아닌데. 그냥 나는
갈 곳이 없어서, 현 상태를 유지하기 위해서 이렇게 작아진다는 게
굉장히 자괴감이 느껴지죠. 아마 다들 비슷할 거라 생각해요.

(M13 인터뷰)

한편 이 조사연구에 참여한 시용·경력 기자 그룹의 경우는 이미
MBC 지원을 결정하는 과정에서 자신의 선택에 대한 자기정당화가
어느 정도 완결된 것으로 보였다. 이렇게 확립된 정당화 기제는 입사
후 여러 상황에 직면했을 경우에도 붕괴되어 퇴사 등을 고려할 정도
로 붕괴되지는 않았다. 적어도 내가 접촉한 범위 내에서는 그런 심리
구조가 관찰되지 않았다.

다만 직면한 문제 상황이 당초 예상한 수준을 넘어설 경우, 이들은
새로운 정당화 논리를 발굴하기보다는 이런 상황 자체에 대해 일희일
비하지 않겠다는 '무감각화' 전략으로 대응하려는 것처럼 보였다. 아
예 자신의 감정 자체를 탈각하고 가급적 생각 자체를 하지 않음으로
써 스트레스를 최소화하려는 전략이었다고 할 수 있다.

그러려니 했죠. 너무 거기에 대해 고민하고 스트레스 받으면 힘들잖아요. 계속 말씀드리는데 일만 하자였어요.

(M09 인터뷰)

도구적 기자가
실천하는 것

저항하면 추방된다는 공포와 그로 인한 무력감, 또 이질적 주체에 대한 수치심과 파편화된 문화……. 이러한 경험과 감정 구조 속에서 경영진의 논리를 수행해야 했던 도구적 기자들 집단은 어떤 실천 전략으로 대응했을까?

위축된
저널리즘

경영진의 비인격적 인사관리는 저널리즘을 위축시키는 결과를 빚었다. 개인적 차원에서는 자기 검열이나 통제 우회 전략을 불러왔고

잉여와 도구

심지어는 자신을 기자라기보다는 납품업자라고 말하는 등 정체성을 크게 변화시키는 경우도 있었다.

세월호 인양 과정을 가장 잘 중계했다고 보도자료까지 내가며 자화자찬한 방송사가 있었다. 바로 MBC다. 그런데 입에 침이 마르기도 전에 세월호는 어느새 MBC에서 다시 사라졌다. 지난 일요일은 4월 16일, 세월호 참사 3주기였다. 3주기를 앞두고 세월호는 MBC에서 다시 금기어가 되어 버렸다. 〈뉴스데스크〉는 3주기 당일인 16일, 세월호와 관련해 추모 행사를 종합한 리포트 하나만 방송했다. 전날인 15일에는 주말 집회 리포트 안에 녹여 다뤘을 뿐이었다.[55]

지난 몇 년간 MBC 기자들 사이에서 사실상의 '금기어'로 인식돼 온 단어가 몇 가지 있다. 인터뷰한 기자들이 한결같이 이야기한 대표적인 예가 세월호였다. 그리고 4대강, 국정원, 사드(THAAD), 국정교과서, 백남기, 또 국정농단 사건의 최순실·박근혜가 그랬다. 이런 의제들은 MBC에서 주도적으로 다뤄진 적이 없다.

왜일까? 현 경영진이 추구하는 뉴스 편집 방향과 맞지 않기 때문이다. 보수정권과 친화적이던 경영진 및 그들이 임명한 간부들은 이

---

55 전국언론노조 문화방송본부, 2017.4.17, "[민실위보고서] 누가 MBC에서 '세월호'를 금기어로 만들었는가", https://m.blog.naver.com/mbcfreedom/220985332963

런 의제를 다루는 것을 선호하지 않았다. 그러나 이것이 이유의 전부일까? 본질적인 이유가 경영진에 있는 것은 맞지만, 그게 다라고는 할 수 없다. 일선 기자들이 이런 아이템을 적극적으로 발제하고 취재하지 않았기 때문도 있다. 기자들이 엄두를 내지 못하고 '자기 검열'을 했다는 것 역시 분명한 이유다.

그 이유는 2장에서 이미 조명했듯이, 한번 이런 종류의 아이템에 휘말리면 극심한 소용돌이를 피할 수 없다는 경험 때문이었다. 기사 발제 및 취재, 데스킹 등 뉴스 생산 전 과정에서 벌어지는 갈등, 또 그렇게 갈등이 촉발되기 때문에 징계나 직종 전환 등 보복을 당할 수 있다는 두려움 등을 장기간 경험해온 이들이다. 이런 심리를 내면화하고 있는 도구적 기자들은 명시적이고 구체적인 압박이 존재하지 않는 상황에서도 경영진과 부딪히지 않기 위해 자신의 표현을 스스로 검열하게 되었다.

가장 큰 문제가, 옛날에는 취재기자가 발제를 해서 올렸다면 지금은 아예 카톡으로 뭐 뭐 쓰라고 뿌려요, 기자들한테. 사실은 자율권이 많이 침해되는 느낌이 있고. 내 맘대로 써서 올려도 바꾸어요. 그래서 어차피 써 봐야 바꾸니까 순응하게 되는 게 많겠죠. 고민을 덜 하게 되는 것도 있고.
그렇다고 고민을 안 하는 건 아닌데, 주어진 방향에서 크게 벗어나지 않으면서 내 생각을 어떻게 집어넣을까 하는 거니까 자기 검

잉여와 도구

열을 안 한다고 할 수는 없죠. 그건 사실이에요. 징계당하는 사람,
해직당하는 사람, 인사 나는 사람 있으니까 자기 검열을 안 할 수
없죠. 이렇게 써 주지 뭐, 이런 건 있는 거지.

(M16 인터뷰)

물론 간혹 자기 검열을 극복해 보려고 시도하는 경우가 없는 것은
아니었다. 그러나 그 결과는 대체로 정해져 있었다.

○ 선배가 맨 처음에 딱 그러는 거지. 이거 100퍼센트 까이는데,
까일 거니까 안 하면 안 되냐. 그래서 선배 이거 해야 돼요. 이 아
이템을 지금 우리가 자기 검열해 가지고 죽이자는 게 지금 선배가
할 소리냐. 오케이, 알았어. 해 봐. 그래서 착수해 가지고 진행을
한 거야. 이만큼 진도 빼면 설마 엎진 않겠지라는 생각에 졸라 밤
늦게까지 인터뷰하고. 근데 다음날 문자 왔더라고. '미안하다. 다
른 거 찾아보자.'

Q. 그때 기분이 어떠셨어요?

웃었어. 그냥 웃었어. 그럼 그렇지, 이 씨발놈들이? 인디언 속담에
왜 그런 게 있잖아. 두 번째 화살은 아프지 않다. 아프지 말아야 된
다, 그런 게 있어. 한 번 경험한 것을 또 경험했을 때 내 스스로 또

아프면 내가 지는 거다. 이런 걸로 스트레스를 받으면 그땐 또 두
번째 화살에 내가 아파하는 거니까. 알았어, 알았다고. 안 한다고.

(M17 인터뷰)

　뉴스를 생산하는 과정은 크게 취재·제작 단계와 편집·유통 단계로
구분된다. 대개 취재·제작 단계에선 기자 개개인의 전문성이 좀 더
발휘되고 그다음 단계인 편집과 유통에선 데스크 이상의 간부를 중심
으로 한 조직적 특징이 구현된다.[56] 기본적으로 이 양가적 단계가 상
호 대칭을 이루어 균형 잡힌 관계에 있을 때, 그 뉴스조직이 건강하다
고 볼 수 있다.
　그런데 2012년 이후 MBC에서는 이런 균형 관계가 붕괴되었다. 취
재·제작 단계에서 자율성과 전문성을 발휘해야 할 기자 개개인이 자
기 검열을 습관화하면서 일선 기자들 집단은 크게 위축됐고, 그 반대
로 데스크 이상 간부들은 영향력이 크게 강화됐다. 위계적 조직문화
가 더욱 굳어진 것이다.

〔평기자의 경우〕
발제해 봤자 안 될 거라는 걸 아는 것도 있고. 애들이 그거지. 해
봤자 되겠냐 이거지. 나도 그런 거에 대해서 좀. (한숨) 나도 용기

---

56 김사승, 2012, "취재현장과 뉴스룸 내부의 조직적 특성에 관한 일 고찰", 『한국방송학보』
26(4): 7-46면.

없어서 이러고 살지만 후배들에 대해서도, 애들도 똑같아. 전혀 그런 게 없어. 보신주의적으로 바뀌었어. 자기가 일단 지금 상태에서 어느 정도 잘 지내고 있는 걸 깨고 싶지 않은 거지. 낯설게 딴 데로 날아가면 힘들잖아. 새로운 일을 또 해야 되고, 기자 일 아닌 것을 해야 할 수도 있는 거고.

(M18 인터뷰)

〔데스크 이상의 경우〕

적어도 우리 시스템에서는 후배들이 출입처를 발로 뛰고 얘기가 되건 안 되건 막 보고를 했잖아. 국방부에서는 이게 얘기 된다는 데요? 농림부에는 뭐가 있다는데요? 복지부에선 이거 해야 돼요. 보고가 올라오면 부장들이 취합을 하고 그게 아이템이 되고 말고 가 결정되는 거야.

근데 어느 순간 부장들이 그게 무서워진 거야. 밑에서 올라오는 걸 다 잘라버리는 거야. 편집회의에서 괜히 민감한 거 얘기했다가 큰 일 난다는 거지. FTA 관련해서 시위가 있다는데 한 꼭지 하시죠? 이런 얘기 했다가 저 새끼 철없네 이런 눈치를 받으면 안 되는 거 지. 그런 거 몇 번 겪다 보면 아예 그쪽으로 개조를 해버려, 방향을.

(M21 인터뷰)

일선 기자와 데스크 이상의 간부 모두 2012년 이후 변화된 현실에

서 더는 자신들의 노동 결과물인 뉴스에 대해 애착과 일체감을 느낄 수 없게 되었다. 한마디로 자기 노동의 결과에 대해 소외감을 느끼게 된 것이다.

Q. 그동안 기자 인생에서 가장 전성기였다고 생각하는 때가 있다면 언제인가요?

2580 있을 때지. ○○○○년.

Q. 그 시절을 떠올리면?

아쉽죠. 그때 주어졌던 황금 같은 시간과 분위기를, 그때 만약에…… . 그런 느낌 있잖아. 지금 알고 있는 걸 그때 알았더라면 내가 더 열심히 했을 텐데. 열심히 안 한 건 아니었어요. 열심히 살았는데…… . 좀 더 누리면서 즐기면서 할 수 있지 않았을까. 그래도 나는 충분히 즐거웠어요. 재미있었고 하고 싶은 것 이것저것 해봤었고 고민도 많이 했었고 치열하게 살았던 것 같아서. 그땐 그렇게 해서 제작해서 내놓고 나면 자식같이 너무너무 막 그랬거든요. 좋았어요.

이런 일체감은 말 그대로 추억이 되었다. 어느새 도구적 기자들은

잉여와 도구

'납품업자'의 정체성을 점점 갖게 되었다. 이전에는 자녀를 출산하는 부모의 심정으로 기사를 취재하고 제작했다면, 이제는 마치 발주처 또는 원청(간부)의 요구에 맞춰 물품(뉴스)을 생산한 뒤 기한에 맞춰 납품하는 업자라는 심정으로 뉴스를 만들고 있다는 것이다. 이때 납품업자는 철저히 '을'의 입장이며, 자신이 생산한 노동 생산물의 품질을 최소한으로 유지하려는 노력만 할 뿐 해당 생산물에 거의 애정을 품지 않는다.

> 내가 오롯하게 이것도 할 수 있고 저것도 할 수 있고. 제약이 없는 그런 여건이 됐을 때는 내가 만족해하고 성취감도 있을 거야. 근데 이 영역(*권력 감시, 고발 보도의 영역을 의미한 듯)을 버리고 나서, 비껴나서, 나머지 영역에서 찾는 것들이 그게 뭐든 간에 나는 그렇게 만족하진 않아. 지금은 솔직히 말해서 납품업자지, 납품업자. 납품업자인데 그렇다고 질은 떨어뜨리고 싶지 않지.
>
> **(M17 인터뷰)**

이런 점에서 도구적 기자들의 저널리즘 실천 역시 잉여적 기자에게서 발견된 '죽은 노동'의 성격을 상당 부분 공유하고 있다고 볼 수 있다. 또 이런 정체성은 파업 참가 기자는 물론이고 세부 맥락의 차이는 있지만 시용·경력 기자 그룹에서도 일정 부분 관찰되었다.

이렇게 도구적 기자들은 기본적으로 납품업자의 정체성 속에서 자기 검열적 실천을 일상화하고 있었다. 그러나 경우에 따라서는 본인들의 저널리즘 윤리에 비춰 봤을 때 필요하다고 판단한 취재·보도를 관철하려는 시도도 제한적이나마 관찰되었다.

이때 중요한 것은 이들의 전략이, 비유하자면 정면돌파가 아니라 '우회' 전략이었다는 것이다. 정면으로 아이템 발제를 추진하거나 취재 지시를 거부할 경우 경영진과의 갈등과 그 후폭풍은 익히 예상된 수순이었기 때문이다. 따라서 이들은 경영진이 민감해 하는 소재를 취급할 경우 에둘러 교섭하거나 '은유'적으로 보도하려는 우회 전략을 취했다.

○○○ 선배 아이템 있었잖아. 커피 장인들 다룬 거. 최고급의 커피를 제공하기 위해 최고의 원두를 찾고, 최고의 바리스타를 찾는 사람들……. 뭐 그냥 커피 아이템이야.

근데 이게 자세히 보면, 바리스타가 다 정규직이거든. 그들에게 고용 안정을 제공해서 결과적으로 최고의 커피를 만드는 사람들인 거지. 이런 거를 상징적으로 보여 주는 거야. 박근혜 정권의 노동 개혁 같은 문제에 대해 하고 싶은 말이 있는데 할 수가 없으니까, 그렇게라도 했다는 거지.

(M01 인터뷰)

잉여와 도구

이런 전략은 경우에 따라서는 너무나 우회하고 있고, 은유 역시 여러 단계에 걸쳐 있기 때문에 시청자가 방송을 보면서 기자의 숨은 의도를 파악한다는 것은 불가능에 가깝다. 반세기 전 영국의 문화연구자 스튜어트 홀(Hall, S.)은 평범해 보이는 영상 이면에 코드화된 '권력의 숨은 의도'를 해독해야 한다고 강조했는데, MBC 기자들은 그 반대의 맥락에서 권력과 길항(拮抗)하려는 '자신만의 숨은 의도'를 코드화해 뉴스 영상과 메시지, 경영진과의 교섭 과정 등에 포함시키려 한 것이다. 그리고 이를 통해 위축된 저널리즘을 실천하는 자신을 정당화하려 했다.

내가 성격이, 시키면 안 하겠습니다라고 처음부터 얘기하진 않아. 그게 대화의 테크닉 같은 거더라고. 위에서 시켰을 때 처음에 못 하겠어요 하면 반발한다고 생각해서 더 달려들어요. 난 기사를 예를 들어 100을 쓰고 싶은데 70만 쓰라 그러면 나 안 해 이러고 던져버리진 않아. 난 20~30이 깎여나갈지언정 70이 가능하다면 가자는 주의야.
그거 기억나니? ○○○ 사건(*특정 이슈). 이슈가 됐잖아. 근데 보니까 방송 3사가 아무도 안 했어. KBS도 안 하고 SBS도 안 하고. 다들 민감했겠지. 그래서 그쪽 기자들이랑 당꼬(*'담합'이라는 뜻의 언론계 은어)를 했지. 이거 우리 할 건데 니들도 같이 하자. 타사도 한다 그러면 안에서 한 번은 더 생각하지 않겠냐. 이거 얘기

되잖아. 그리고 보고하는 거지. 타사 다 합니다. 그렇게 안 하면 그 아이템이 들어갈 수가 없는 아이템이야.

아이템이 들어갔어. 큐시트에 올라갔어. 근데 점점 순서가 뒤로 밀리더라고. 내려가더라고. 거의 뉴스 끝에 나갔지. 왜 나갔는지 알아? SBS에서 '오늘의 주요뉴스'로 나갔거든. (웃음) 안 낼 수가 없잖아. 편집부 입장에서는. 그때 빠지는 줄 알고……. 다행히 SBS가 딱 주요 뉴스로 나가는 거야. 속으로 그랬지. 절대 안 빼겠군. (웃음)

(M26 인터뷰)

순응의
마지노선

내가 인터뷰한 도구적 기자들, 특히 파업에 참가했다가 보도국에 복귀한 기자 대다수에게서 한 가지 특이한 반응을 관찰할 수 있었다. '순응의 마지노선' 같은 거였는데, 풀어 보자면 도저히 수용할 수 없는 뉴스를 해야 하는 상황이 내게 주어진다면 그땐 모종의 결단을 하겠다 같은 심리였다. 이때 '도저히 수용할 수 없는 상황'이란 대체로 사실관계를 왜곡하거나 부풀려가면서까지 정치적으로 편향된 기사를 쓰라고 지시받는 상황을 의미했다.

그런데 이들은 이런 순응의 마지노선을 실제로 경험하는 경우를

잉여와 도구

좀처럼 맞닥뜨리지 않은 것 같았다. 이 점이 의아했다. 기자들에게 "실제 그런 상황이 발생한 적이 있느냐"라고 물으면 대부분이 "다행히 아직까지 없다"라고 답했기 때문이다. 이상하지 않은가? 이들에게 이런 경험이 없다면, 지금 MBC 뉴스는 왜 이토록 거센 공정성 논란에 휩싸여 있는 것일까? 혹시 자기 검열이 과도하게 심화된 나머지, '도저히 받아들일 수 없는 상황'이라는 기준이 지나치게 느슨해진 것은 아닐까?

이런 의문을 품고 조사연구를 진행하던 나는 M20과의 인터뷰에서 실마리를 찾게 되었다. 경영진이 파업 참가자 출신의 도구적 기자들에게 그런 지시를 좀처럼 내리지 않는 것이 사실이며, 거기에는 명확한 이유가 있다는 것이다.

회사에서도 처음 1~2년 동안은 우리한테 시켰는데 한 2년 지나니까 경력이 무수하게 들어오면서 우리한테 시킬 필요가 없게 된 거예요. 예를 들어 노조를 깐다든가 좀 누가 봐도 더러운 기사 있잖아요. 그런 건 공채(*MBC 내부에서 파업 참가 기자들을 지칭) 안 시켜요. 다 경력 시켜요. 경력 중에 그걸 거부하는 경력은 거의 없거든요. 별로 걱정할 일이 없는 거예요. 그런 걸 시키지 않아, 나한테. 이미 이 사람들은 남아 있는 소수 공채 활용법을 너무나 완벽하게 알고 있어요. 조직은 돌아가야 될 거 아녜요. 뉴스도. 왜냐면 뉴스 망치면 자기 얼굴에 먹칠하는 거니까. 그래서 공채들은 철저히 그런 일에만 쓰는 거예요. 잘 돌아가게 하기 위해서 해야 할 거에만 써요. 그리고 뭔가 민감한 거, 정치적인 거는 절대 공채를 시키지 않아요. 다 시용, 경력한테만 시켜요. 그러니까 갈등의 요소가 없는 거예요. 지금 있는 사람들한텐 완전 꽃놀이패죠.

(M20 인터뷰)

여기서 M20이 이야기한 '잘 돌아가게 하기 위해서 해야 할 것'이란, 앞서 M16이 자기정당화의 근거로 언급한 내용과 유사하다. 즉 방송사고 예방, 돌발 상황에서의 생방송 또는 현장 취재, 제작성 높은 아이템 제작 등을 의미한다. 2012년 이후 입사한 시용·경력 기자들은 상대적으로 방송 경력이 짧고 관련 취재/제작 경험이 부족할 수 있으므로, 경영진은 이런 필요성 때문에 파업 참가 기자들에 대한 수요를 어느 정도 유지해 온 것이다.

그 결과 새로운 문제가 발생하게 되었다. 경영진의 요구를 날 것 그대로 수행해야 하는, 적지 않은 시용·경력 기자들이 윤리적으로 고충을 느끼게 된 것이다. 물론 이들의 저널리즘 가치관이나 판단 기준이 경영진과 완전히 일치한다면 고충이 없겠지만, 이들 그룹 가운데서도 그렇지 않은 기자들이 존재하고 있기 때문이다.

그러나 시용·경력 기자들은 대체로 아무리 윤리적인 고충을 느끼더라도 경영진의 요구를 거절하지 않고 있었다. 물론 박근혜 전 대통

　　　　　　　　　　　　　　　　　　　　　　　잉여와 도구

령의 탄핵 국면을 거치면서 간부들과 갈등한 끝에 비보도 부서로 전출된 경력기자도 소수 있다. 하지만 이들 대부분은 여전히 경영진이나 간부의 지시를 수용하고 있는데, 그 이유는 앞서 살폈듯 노조와 기자협회 등의 반발을 감수하면서 자신을 MBC 기자로 선발해 준 경영진의 요구를 거절하기 어렵다고 느끼기 때문이다. 또 MBC에 입사한지 얼마 되지 않은 상황에서 자신의 조직 내 입지가 취약하다고 느끼기 때문이기도 하다.[57]

한편 일부는 기본적으로 기자의 역할을 어떻게 볼 것인가 하는 문제에서 다소 다른 관점을 보이기도 했다. 내가 인터뷰한 시용기자의 경우는 파업 참가 기자들 일각에서 드러나는 이른바 '지사적 기자관', 즉 기자라면 이런저런 사회적 역할을 해야 한다는 가치관에 대해 반발심을 내비치기도 했다.

어느 날 ○○○ 선배(*시용·경력 기자) 기사를 보니까 너무 웃긴 거예요. 그래서 선배 이 기사 인간적으로 너무 웃긴 거 아니냐. 굳이 그렇게까지 해야 되냐 그랬더니 하라는 데 어떻게 해 이러면서, 이미 짜져 있는 거예요. 그러면서 묻더라고요. 사람들이 욕 많이

---

57 이와 관련해 「한겨레21」(1177호, 2017.9.4)은 MBC 경력기자 두 명을 익명으로 인터뷰한 기사에서 다음과 같이 보도하기도 했다. ["보도국 내 섬처럼 존재하던 경력기자들"은 간부들 처지에서 보면 "싫다고 이야기하지 못하는 부리기 쉬운 기자들"이었다. "보도하기 애매한 것들이 경력기자들에게 우선 할당되기 시작"했다. 기존 구성원이었다면, 과거 MBC 뉴스를 만들었던 이들이라면 당연히 거부했을 아이템이 그렇게 뉴스에 잡혀갔다. "전 직장만도 못한 이런 뉴스를 하러 MBC에 왔나" 자괴감이 들었지만 벽에 막혔다.]

하지? 그래서 네 했죠. 본인도 다 알지만 그런(거부할 수 없는) 심리
가 있는 것 아닌지……

Q. 아무리 그래도 지시를 거부하는 것까진 아니다?

네. 그리고 이거를 무조건 거부해야 내가 기자로서 내 정체성을
지킨다? 제 개인적인 의견은 무조건 거부하는 건 또 아니라고 생
각해요. 나는 기자이기 이전에 이 회사 구성원이고 직원인데. 회
사의 이익을 도모하는 것도 나의 역할 중 하나라고 생각하거든요.

(M27 인터뷰)

순응의 두 번째 마지노선은 보도국에 잔류하고 있는 파업 참가 기
자 상당수가 전국언론노조 문화방송본부 소속으로서 노조원 신분을
유지하고자 하는 실천이었다. 사실 파업이 종료된 지 5년가량 지났고,
이들에게 업무적으로 큰 영향을 끼치는 간부들은 대부분 파업 불참자
다. 또 노조를 탈퇴해야 보직, 앵커, 특파원, 해외연수 등의 기회가 더
생기는 것이 현실이기도 했다. 게다가 이들이 업무 현장에서 접촉하
는 동료는 시용·경력 기자가 훨씬 많으며, 예전의 동료들, 특히 잉여
로 분류돼 뉴스 외부로 배제된 이들과는 점점 서먹해졌다고 봐도 과
언이 아닌 상황이다.

이런 상황에서도 파업 참가 경력이 있는 도구적 기자는 여전히 노

조원 신분을 지키려 하고 있었다. 물론 예외가 없는 것은 아니지만 말이다.

Q. 노조 탈퇴는 왜 안 하셨어요?

난 하고 싶지 않았어. 탈퇴할 생각을 전혀 해 본 적이 없고. 정직되고 해고된 사람들 월급은 누가 주냐. 그런 얘길 했지. 우리 노조비 얼마 나가지? 해고된 사람들 생활비를 줘야 될 거 아냐. 그거는 내가 파업을 같이 했던 사람으로서 책임을 져야 된다고 생각했어. 내가 노조 탈퇴할 생각이 많았을 거라고 생각하니?

Q. 그런 건 아닌데, 보도국 안에 있으면 특파원이나 이런 기회가 오픈돼 있으니까 아무래도 그런 생각들을 하시지 않을까.

노조 가입 안 하면 특파원 보내준대? (웃음)

(M26 인터뷰)

파업 이후 각자 처지가 달라지면서 기자들 사이에 이런저런 무형의 벽이 생긴 것은 사실이다. 이 때문에 2012년 이들이 보인 수준의 연대의식(solidarity)은 어쩌면 재현되기 어려울 수도 있다. 그러나 분명 그 연대감은 없어졌다고는 볼 수 없다. 비인격적 인사관리가 불러

일으킨 생존의 공포를 극복하기 위해 도구라는 호명은 수용했지만, 최소한 자신이 할 수 있는 영역에서만큼은 실천하겠다는 마음이 여전히 남아 있기 때문이다.

> 작년 초에 파업한다고 투표했을 때, (노조)위원장 단독 파업했잖아. 그때 찬성률이 생각했던 것보다 되게 높았거든.[58] 생각보다 사람들 분노나 이런 걸 안에 갖고 있었고 또 조합에 대해 믿고 지지하는 신뢰가 있구나 싶어서 그때 좀 뿌듯했지. 그리고 작년 11월에 집회할 때 있잖아(*최순실 게이트 보도 항의 집회) 그때도 생각보다 되게 많이 왔었거든. 약간 좀 뿌듯하다…….
>
> **(M23 인터뷰)**

시용·경력 기자들은 노조에 대해 생각하는 바가 대체로 달랐다. 이들 상당수는 2012년 파업 이후 설립돼 경영진과는 협력 관계이며 기존 노조와는 갈등 관계를 형성하고 있다고 볼 수 있는 'MBC 노동조합'에 가입한 상태였다. MBC 노동조합에는 파업 불참자와 2012년 이후 입사한 경력사원들이 주로 가입해 있으며, MBC 내에서 흔히 '3노조'로 일컬어지고 있다.

---

58 2016년 3월, 근로시간 면제와 단체협약 체결 등의 문제로 경영진과 갈등을 빚던 전국언론노조 문화방송본부는 중앙노동위원회의 조정 중지 결정 이후 파업 찬반투표를 실시했다. 투표 결과 85.42퍼센트의 찬성으로 파업이 가결됐고 이를 근거로 당시 조능희 본부장이 1인 파업에 돌입했던 바 있다. 미디어오늘, 2016.3.22, "MBC 노조 4년 만에 파업 돌입", http://www.mediatoday.co.kr/?mod=news&act=articleView&idxno=128862

Q. 혹시 노조 같은 건 어떻게?

저희는 다 그냥 자연스럽게 3노조로 가입했죠.

Q. 아무래도 1노조(*전국언론노조 문화방송본부)에 적대적이지 않나요, 거기 문화가?

적대적일 것도 없죠. 저희는 아무 생각 없어요, 사실. 아무 생각을 안 하려는 것도 있고. 저희가 3노조라서 1노조를 배척해야겠다 그런 건 없어요. 오히려 제가 알기로는 그 반대이지 않나요?

(M09 인터뷰)

반면 이에 비해 소수이긴 하지만, 경력기자 가운데에서도 1노조, 즉 전국언론노조 문화방송본부에 가입하는 경우가 나타났다. 시용기자 가운데에서는 전혀 없었고, 파업 이후 입사한 경력기자 가운데 일부가 여기에 해당하는데 이들은 '대체 인력'으로 입사했다는 한계를 극복하고 기존 기자들과 저널리즘 가치 및 기자 정체성 등을 공유하고 싶다는 바람을 상대적으로 더 지니고 있음을 관찰할 수 있었다.[59]

---

59 2017년 8월 현재 기자들의 제작거부 및 총파업이 가시화되면서 1노조에 가입하는 경력기자들은 이 글의 초고를 작성하던 시점보다 늘어난 상황이다.

축소, 단절되는
내부의 관계

도구적 기자들 역시 잉여적 기자와 마찬가지로 인간관계의 축소를 경험하고 있었다. 그러나 이들은 여전히 출입처를 나가면서 기자 업무를 수행하고 있는 만큼 회사 외적 인간관계는 유지하고 있는 모습이었다. 다만 회사 내부 관계에서는 달랐는데, 시용·경력 기자와는 물론이고 파업을 함께 했던 잉여적 기자와의 관계 역시 축소되거나 심하게는 단절되는 경향이 나타났다.

Q. 비슷한 처지의 사람들 있잖아요. 파업했는데 같이 보도국에 있는. 그런 이들과의 커뮤니케이션은 주로 어떤지?

저랑 좀 비슷하게 부서에서 이렇게 쩌그러져 있는 선배들하고는 시간 나면 보려고 해요. 서로 한탄하고 부장, 시용들 욕하고. 지금도 카톡방에서 매일 서로 욕하고 있지만, (웃음) 만나면 맨날 그런 얘기죠. 누가 시용한테 선배라고 한다 누가 특파원 가려고 노조 탈퇴했다더라……

Q. 나가 있는 사람들에 대해서는요?

잉여와 도구

남의 일이라고는 생각은 안 해요. 당장 내일이라도 내 일이 될 수 있다……. 요즘은 그런 불안감이 좀 덜한데, 처음에는 불안감이 컸어요. 그게 첫 번째고, 두 번째는 반드시 돌아올 수 있다라고……. 물론 그 처지 안 당해 봤으니까 쉽게 말할 수는 없지만…….

Q. 자주 보나요?

자주 봤었는데요. 최근에는…….

Q. 좀 어려워지거나 그런 게?

그런 건 아닌데……. 일단 어떤 감정을 갖고 계실지 모르니까. 그분들이 불편해하실 수도 있고, 저 때문에. 원초적으로 사실 공유하고 있는 경험이 없는데 별로……. 굳이 마치 제가 막 그분들을 위로하는 입장이 된 양, 그런 것도 원하지 않을 게 분명한데. 그리고 뭐 만나서 막 즐겁고 그런 게 아니라면 굳이 그런 관계를 위해서 좀…….

Q. 바깥 사람들이 보도국 내부 분위기 체감하지 못한다고 느낀 적도 있나요?

많이 있어요. 최근에 많이 있어요. 좀, 어떻게 표현하지? 감이 다르다? 그러니까 그분들 판단 근거를 봤을 때 납득할 수 있어야 되잖아요. 근데 판단 근거 자체가, 물론 내가 보는 게 무조건 맞는 건 아니지만 되게 예전 상황을 근거로 그걸 판단 기준으로 얘길 하니까 어 저건 아닌데 생각을 했죠.

(M11 인터뷰)

기본적으로 이들은 함께 파업을 했고 유사한 저널리즘 가치를 여전히 공유하고 있다. 그러나 각자의 위치와 상황에 따라 멘탈리티 및 실천 측면에서 차이가 있을 수밖에 없었는데, 경영진의 비인격적 인사관리 기조가 갈수록 강화되는 가운데 그 차이를 이해하고 수용하는 일은 점점 더 어려워졌다. 그렇게 기자들 사이에 연대감이 해체되고 틈이 벌어지는 결과가 경영진이 원한 것일 수 있다는 점을 의식하면서도 말이다.

이런 실천적 경향은 시용·경력 기자 그룹 내부에서도 관찰되었다. 이들 역시 여러 갈래로 서로 구별 짓기 하며 보이지 않는 벽을 쌓고 있었다. 주로 파업 도중 입사한 시용기자냐, 파업이 끝나고 입사한 경력기자냐도 문제가 되었고, 또 경력기자 중에서도 파업 직후에 입사했는지 아니면 몇 년 경과한 후 입사했는지[60], 또 출신 언론사 및 노조 가입 형태 등 미세한 균열이 존재한다는 것이다.

잉여와 도구

제가 ○○○ 있을 때 MBC가 막 파업을 하고 그랬으니까. 그때가 이제 시용들이 들어올 때죠. 그때 수없이 많은 (입사) 기회가 있었죠, 저희 같은 경우에는. 아마 똑같은 경험을 했을 거예요. 몇몇 사람들은 수도 없이 올 기회가 많이 있었는데 그때 오지 않았다고 들었어요. 근데 뭐 그때(파업 때) 왔냐 안 왔냐가 그렇게 큰 차이는 없겠지만 그래도 자기 나름의 그걸 지켰다고 생각하는 거죠. 양심을 지켰다거나, 난 최소한 그래도…….

그런 점에서 어떻게 보면 저는 (공채)선배들보다도 더 닫혀 있는 것 같은데, 만약 선배가 시용을 만나면 어 혹시 무슨 일 있나 그렇게 되지만, 제가 시용을 만나면 아 재도 결국 같은 애구나 이런 인식이 있어서 더 조심스러워요. 솔직히, 그런 게 있어요. 역시 같은 과라서 같이 다니는구나 아 원래 재는 그런 애구나 그렇게 생각을 하게 될까 봐 오히려 저는 더 경계를 하게 되는 것 같아요. 물론 그들 중에도 괜찮고 그런 친구들이 있을 수 있을 텐데. 전 잘 몰라요, 솔직히.

(M14 인터뷰)

---

60 파업 종료 후 상당 기간이 지난 뒤 입사한 경력기자들 사이에서는 '파업이 끝난 지 한참 지났고, 회사는 더 이상 신입사원을 뽑지 않는다. 따라서 이런 상황에서 경력으로 입사한 우리들은 대체 인력이라기보다는 신규 인력으로 봐야 한다'고 생각하는 경향이 있다고 한다. 인터뷰 섭외 과정에서 만난 한 경력기자에게 청취한 이야기다.

4장

'유예된 저항',
그 후

2012년 파업 이후 경영진의 비인격적 인사관리 기조 속에서 기자들은 뉴스 외부로 배제되거나 경영진이 주문하는 저널리즘을 수행했다.
이에 대응하며 잉여적 기자의 경우에는 모멸감과 공포를, 도구적 기자의 경우에는 수치심과 무력감, 혐오라는 집합심리를 경험했다. 이런 심리는 계속되는 좌절 및 패배의 경험 속에 만성화, 개인화, 내사화되고 있었다. 그 결과 저널리즘을 유예하거나(잉여적 기자), 위축시키는(도구적 기자) 방식의 새로운 실천 논리를 구성했다.
4장에서는 이런 경험과 마음가짐, 실천의 양상들을 '유예된 저항'이라는 개념틀 안에서 다시 정리하고, 이 개념을 둘러싼 쟁점들을 좀 더 본질적인 차원에서 검토한다.

전문직주의
아비투스가 부서지다

잉여적 기자가 되었든 도구적 기자가 되었든 MBC 기자들은 비인격적 인사관리라는 현실에 맞추어 저널리즘을 유예하는 선택을 해왔다. 특히나 2016년 말에서 2017년 초, 한국 사회가 최순실 국정농단 사건과 박근혜 대통령 탄핵, 그리고 정권교체라는 가히 혁명적 상황들을 거치는 와중에서도 한동안 '유예'라는 봉인을 해제하지 못했다. 간헐적 실천이 없던 것은 아니지만 MBC 내부 헤게모니에 변동을 가져오기에는 부족했던 것으로 보인다.

왜일까? 한 사회의 지배 세력이 바뀌는 엄청난 변화를 목도하고도 이들의 실천이 여전히 봉인을 풀지 못하는 것처럼 보이는 본질적인 이유는 무엇일까? 그리고 이런 MBC의 현실은 앞으로 어떤 변화를 겪게 될까?

억압과 축소가
불러온 것

잉여였나 도구였나에 따라 조금씩 다르지만, 2012년 이후 MBC 기자들이 경험해 온 상황은 본질적으로 유사하다. 그것은 이들의 저널리즘 실천을 억압 또는 축소하고자 하는 경영진의 기획이었다.

사실 경영진의 이런 기획은 2012년 파업 이전부터 기자들을 향해 작동해 왔다. 기자들은 이에 저항하기 위해 파업이라는 최고 강도의 저항적 실천을 조직했지만 실패했다. 그리고 그 반작용으로 등장한 경영진의 비인격적 인사관리는 2장과 3장에서 확인했듯 이들이 당초 기획한 '억압 및 축소'를 완성하고 안정화하기에 이르렀다.

그 결과 파괴된 것은 무엇이라고 봐야 할까? 우선은 한 사람의 '인간', 즉 MBC 기자들 개개인이었다. 비인격적 인사관리를 경험한 기자들의 인간성(humanity)이 어떻게 파괴되고 고통을 겪었는지 앞서 살펴봤다. 그러나 이것이 전부라고는 할 수 없다. 또 다른 중요한 차원이 파괴됐다. 바로 개개인이 저널리즘을 실천하는 데 배후 조건으로 존재하고 있던 기자들의 '전문직주의 아비투스(a habitus of professionalism)'다.

전문직주의 아비투스를 이야기하자면 전문직주의와 아비투스라는 두 개념을 설명하고 넘어갈 필요가 있다. 먼저 방송에서 기자들의 전문직주의는 크게 두 가지 의미로 통용된다. 하나는 방송 뉴스라는 창의적 노동 가치를 생산하는 배타적 지식으로서의 전문성이다. 다른 하나는 시민에게 위임받은 뉴스 생산 과정의 권한과 책무를 수행하기 위한 집단지성을 의미한다.[61]

쉽게 말하자면 방송 뉴스는 교육이나 훈련 받지 않았다면 쉽게 만들 수 없다. 방송 뉴스를 제작하기 위해 알아야 할 배타적 지식이 필요하며 좀 더 높은 수준(quality)의 뉴스 프로그램을 생산하기 위해서는 이런 배타적 지식을 보유한 기자들의 전문직주의가 요구된다는 것이다. 또 방송 뉴스, 특히 공영방송을 포함한 지상파방송의 뉴스는 시민 전체를 위한 공공재로서 공공의 이익에 기여해야 하며 이를 위해서는 정치권력이나 자본, 특정 이해집단 등에 의해 자율성과 독립성을 침해받지 않아야 한다. 이 목표를 이루기 위해 뉴스 생산 과정에서 기자들의 집단지성이 필요하며 이것이 기자 전문직주의의 다른 차원이다.

아비투스(habitus)란 프랑스 사회학자 부르디외(Bourdieu, P.)가 발전시킨 개념으로, 흔히 행위자의 실천을 발생시키는 주요 배후 조건이라고 이해된다. '성향 체계' 같은 말로 번역해서 쓰이기도 한다. 부르디외는 대부분의 인간 행위가 후천적으로 체화된 성향들에서 기인한다고 했으며, 이때 성향은 행위자들이 사회 세계의 특정 위치에 오

---

61   김재용·심석태·윤태진·정필모 외, 2014, 『방송뉴스 바로 하기: 저널리즘의 7가지 문제와 점검 목록』, 컬처룩.

랫동안 있음으로써 몸에 밴 어떤 것이라 할 수 있다고 했다.[62] 여기서 사회 세계의 특정 위치는 특정 지역이나 가정환경, 학교, 직장 등을 의미하는데, 가령 똑같은 사람이라 하더라도 그가 어떤 위치를 거쳤는가에 따라 그의 몸에 밴 것은 차이가 날 수밖에 없을 것이다.

이렇게 볼 때 MBC 기자들의 전문직주의 아비투스는 MBC 기자들이 고품질의 뉴스를 생산하고, 또 그 과정에서 저널리즘 활동의 공공성과 자율성을 실천하기 위해 형성한 성향 체계라고 정의할 수 있다. MBC 기자라면 이런 성향 체계에서 자유로울 수 없으며, 이를 체화한 흔적과 습관 들이 자신의 몸에 배어 있음을 확인하기 어렵지 않다. 가령 3장에서 인용한 M13의 인터뷰를 보면 '옳지 않은 기사를 쓰면 안 된다는 트레이닝 자체가 <u>몸속에 남아 있던</u> 시기였던 것 같아요'라는 언급이 나타나는데, 이것이 바로 MBC의 전문직주의 아비투스가 기자들의 몸에 남긴 흔적이라고 볼 수 있다. 다음 M12의 인터뷰에서도 유사한 점을 읽을 수 있다.

처음 입사했을 때 MBC 분위기는 굉장히 자유로웠고 기사에 성역이 없었잖아요. 그땐 그게 당연한 줄 알았어요. 다들 이야기하시겠지만 MBC 들어오면 이게 동아리인가 싶은 생각이 들잖아요. 기수 체계는 있지만 차장 부장이 시키면 무조건 하고 그런 상

---

62 하홍규, 2014, "실천적 전환에 대한 비판적 고찰: 기든스와 부르디외를 중심으로", 『한국사회학』, 48(1): 205-233면.

하 관계가 강력하거나 그러지 않잖아요. 현장에서 취재하는 기자들 의견을 굉장히 존중해 주고 저는 그런 데스크랑 부장을 많이 만나서, 그런 게 굉장히 좋고 만족스러웠는데 그게 정말 희소한 환경이라는 걸 그때는 몰랐던 것 같아요.

Q. 그런 분위기 속에서 자신이 어떻게 변화했다고 느끼나요?

(웃음) 저는 좀 순발력이 좋은 기자였던 것 같아요. 제가 강렬한 뜻을 품고 기자가 된 것도 아니고, 선배들이 너는 왜 기자가 됐니 네가 천착하는 문제는 뭐니 물어보잖아요. 너의 담론이 뭐니. 저는 그런 건 없었거든요. 대신 방송 뉴스가 그만큼 순발력 있게 사람들 이해하기 쉽게 전달하는 게 중요하고 그래서 저는 그런 거가 저랑 잘 맞다고 생각했어요. 그러다 더 한 단계 도약해서 깊이 있는 분석기사도 쓰고 그런 걸 갖추고 싶다는 열망을 많이 가졌죠. 위를 보면서가 아니라 밑을 보면서 기자생활을 하는 게 맞는 것 같다. 그런 게 이제 MBC의 분위기였고, 선배들이 가르쳐 주신 거였고.

(M12 인터뷰)

파업 이후 MBC 기자들이 여러 고충을 겪게 되면서 파업 이전의 보도국을 상대적으로 낭만적으로 기억하는 경향이 없다고는 할 수 없다. MBC 구성원 가운데 한 사람으로써 인터뷰 과정에서 이런 경향을 여러 차례 느끼기도 했다. 그러나 이 인터뷰가 2012년 파업 이전, 나아가 그보다 좀 더 몇 년 전의 MBC 보도국 문화의 일단을 드러내고 있는 점 또한 나는 분명히 긍정할 수 있다.

성장하려는 기자를
통제하기 위해

이 인터뷰 또는 이와 유사한 기자들의 말들을 종합해 보면 MBC 기자들의 전문직주의 아비투스는 MBC 기자 개개인이 저널리스트로서 '성장'하고자 하는 의욕과 깊은 관련이 있던 것으로 보인다. 기자로서 성장한다는 것은 어떤 의미일까? 다양한 분야에 관심과 문제의식을 가지면서 취급하는 취재원과 정보의 깊이를 심화하고, 여기에 취재기술, 기사 작성, 방송 제작에 이르는 과정 전반에서 전문성을 높일수 있게 됨을 뜻한다. 또 이 과정에서 권력 또는 자본 등의 억압을 받지 않고 오로지 시민을 위한 공익적 책무에만 부응할 수 있어야 한다.

MBC 기자들의 전문직주의 아비투스는 이렇게 '성장'하는 기자를 키워 내고자 하는 특징이 뚜렷했으며, 또 그러기 위해 기자들끼리 서로 관심을 갖고 각자의 자부심과 문제의식을 공유하며 자신들의 공고한 '친밀성'을 형성하려는 문화를 담고 있던 것으로 보인다. 그리고 이런 아비투스 속에서 기자들은 정확하고 진실한 정보를 제공하는 사관(史官)의 역할을 해야 할 '책임'이 있다는 의식을 체화해 온 것으로 관찰된다. 즉 성장, 친밀성, 책임 등 세 키워드로 요약될 수 있다.[63]

저는, 지금도 제가 기억하는 게 옛날 사회부에 있을 때 그런 적이 많았어요. 회식에서 선배들 다 같이 있고 할 때 아 참 이렇게 대단한 사람들 속에 내가 함께 일원으로서 있다는 게 너무 감사했던 때가 많았어요. 나처럼 보잘것없는 사람이 이렇게 훌륭한 사람들과 어깨를 나란히 하고 일을 한다는 게 너무 감사하다. 너무너무 자랑스럽다는 생각을 했었거든요.

(M20 인터뷰)

어떤 내재된(?) 가치 같은 게 있는 거죠. 팩트로 기사를 써야지 방향성을 갖고 쓰면 안 된다고 배웠는데 그 방향성을 가지고 싱크(인터뷰)를 끼워 맞추는 식으로 이용한다든가 기사에 자기 의견을

---

63 인터뷰에 응한 기자들 가운데 일부는 이런 MBC의 기존 전문직주의 아비투스가 갖고 있던 부정적인 측면들에 대해 성찰하기도 했다. 가령 '성장'의 기준이 자의적이고 일관되지 않는 상황에서 '성장하지 않거나 성장의 속도가 더딘' 것으로 분류되는 기자들에 대해 지나치게 가혹한 평가가 내려지는 측면이 있었다는 것이다. 또 '친밀성'의 문제 역시 너무 MBC 기자 사회 내부에서의 친목이 공고해지다 보니 그 분위기에 끼지 못하는 아웃사이더가 발생하고, 집단 자체가 그들 내부의 논리와 관행으로만 똘똘 뭉치면서 외부와의 소통을 소홀히 했던 것 아니냐는 문제제기가 있었다. 이와 함께 보수정권 이전에 MBC가 지향한 저널리즘이라는 것도, 권력 감시나 고발, 자율성의 측면에선 분명히 보수정권 시기보다 나았지만 기본적으로 시청률을 중시하는 자극적인 아이템, 1분 30초 리포트로 형식화된 표피적 보도 등의 측면에 있어선 본질적 차이가 없었다는 성찰도 접할 수 있었다. 모두 중요한 문제제기로 후속 연구가 필요한 대목이다.

막 쓴다든가 그런 부분들은 좀 못 견디겠더라고요. 선배도 아시겠지만 기자라는 건 제 이름이 남는 거고, 취재부터 제작, 읽는 것 전부 제 이름을 걸고 하는 거잖아요. 10년 후에 제 기사를 찾아봐도 그건 문헌으로 다 기록이 되는 건데.

(M13 인터뷰)

이런 전문직주의 아비투스의 배경 속에서 기자들이 실천하고 성장할수록, 통제에 대한 기자들의 내성은 강해진다. 전문성이 깊고, 강한 책임의식을 갖고 있으며, 동료들과의 연대감 또한 강력한 기자를 통제하려면 위계적 권한과 권위만 내세워선 부족하기 때문이다.[64] 따라서 기자 통제 욕망이 강력했던 MBC 경영진이 이런 기자들의 전문직주의 아비투스를 파괴하려 한 것, 다시 말해서 '성장하려는' 기자를 '억눌러지고 축소된' 기자로 변화시키려 한 것은 경영진 입장에선 논리적으로 당연한 결론이었다.

바로 이 점 때문에 경영진은 비인격적 인사관리의 필요성을 느꼈다고 볼 수 있다. 즉 게이트키핑(gatekeeping)과 데스킹 권한의 실효력을 높이는 등 뉴스 조직 내의 위계적 권위를 강화하는 방법만으로 기자들의 전문직주의 아비투스를 파괴할 수 있었다면 굳이 비인격적 인사관리를 도입할 필요까지는 없었을지도 모른다. 그러나 그것이 불

---

64 주 61번과 같은 책.

잉여와 도구

가능했기 때문에, 경영진은 비인격적 인사관리의 도입은 물론 비판과 견제를 전혀 수용하지 않는 형식의 적극적인 조직관리 및 커뮤니케이션 전략을 취한 것으로 보인다.

실제로 파업 후 5년 가까이 지나면서 MBC 뉴스 생산 조직의 기자들에게서 '기자로서 성장해야 한다'는 의욕이나 소명의식을 확인하기는 매우 어려워진 측면이 있다. 친밀성과 책임의식도 크게 약화되고 균열됐다. 이런 흐름이 계속 축적되다 보니 현재 뉴스를 생산하는 기자들 일부에서는 '굳이 노력해 성장할 필요가 없는' 달라진 조직문화를 오히려 부담 없이 받아들이는 기류가 관찰되기도 했다. 전문직주의 아비투스가 파괴된 뉴스 조직의 일단을 보여주는 장면이다.

Q. 지금 보도국에서 생활하면서…… 기자로서 커야 한다는 부담을 여전히 갖고 있는지, 아니면 굳이 그럴 필요가 없어서 편안하게 느끼는 측면도 있는지?

야, 이거 진짜 (웃음) 이런 건 있다. 너니까 진짜 너한테 솔직하게 얘기하는 건데, (웃음) 두 번째에 가까운 것 같다. 와, 이런 질문을 할 줄이야. 너 진짜 야, 이거는 내가 솔직하게 얘기해서 두 번째에 가까워. 왜냐면 파업 전에 워낙 쟁쟁한 선배도 많고 동기도 많고 했잖아. 지금 나가 있는 선후배들이 일로서는 쟁쟁하잖아, 대부분. 아닌 사람도 있어. 내가 보기엔 아닌 사람도 있는데, 상당수가 일로서 한 방이 있잖아, 기자로서.

근데 파업 전에는…… 입사 초기에 다들 욕심이 있잖아, 다들. 잘하고 싶지. 난 안 되는 거야. 입사 초기에 얼마나 힘들고 나는 진짜 2~3년차 때까지 자괴감 이런 거? 특종도 못 하고 맨날 욕이나 먹고. 어쨌든 크고 싶은데. 근데 파업이 끝나고 나니까 그 쟁쟁하던 선배들이 상당수가 날아가 있는 거야. 지금은 시용 경력 드글드글한데, 남아 있는 사람 중에서 나 정도만 하면 상급으로 분류가 되잖아. 물론 거기에 내가 안주한 건 아니고 열심히 했어. 왜냐면 쪽 팔리잖아. 애들보다 못한다는 얘기 들으면 안 되니까 열심히 했는데. 지금은 뭐, 나는 마음이 편안한 건 아닌데, 내 스스로 더 열심히 해 갖고 더 커야 되는데 이거에 대한 부담감은 별로 없어.

(M18 인터뷰)

기자들의 전문직주의 실종은 특히 뉴스에서 형식적 객관주의가 중요시되는 풍토와 연관돼 있다.[65] 형식적 객관 보도는 취재 대상에 대해 전문적 지식을 가질 필요가 없기 때문이다. 그리고 이런 형식적 객관 보도는 탐사보도나 심층취재를 통해 사건의 실체적 진실을 추적하기보다는, 이해관계자들의 말을 단순히 전하는 피상적 중계보도가 되기 십상이다.[66] 분명한 것은 이런 저널리즘으로는 권력에 대한 견제와

---

65 같은 책.
66 같은 책.

감시 같은 역할을 수행할 수 없다는 사실이며, 초반부에서 문제로 제기한 MBC의 최순실 국정농단 보도는 전형적으로 이런 유형에 해당한다.

취약성의
확인

이 조사연구를 진행하면서 나는 MBC 기자들이 각자 처지에 따라 디테일의 측면에서 조금씩 다르긴 하지만, 결국 본질적으로는 비슷한 이야기를 하고 있는 것 아닌가 하는 느낌을 종종 받았다. 그래서 2012년 이후 기자 개개인의 경험을 관통하는 <u>보편적 본질</u>을 어떻게 개념화할 수 있을지 생각하게 되었다.

그리고 그 후부터 인터뷰를 할 때마다 같은 질문을 던졌다. 보통 인터뷰의 마지막 단계에서 제기했는데, 27명 전원은 아니지만 상당수에게 물었다. 대략 이런 문항으로 구성한 질문이었다.

"본인을 포함한 MBC 기자들이 2012년 파업 이후 새롭게 수행된 경영진의 인사관리 정책과 그로 인한 각종 상황들을 공통적으로 경험하면서, 전에 없던 '어떤 것'을 새롭게 각자의 내면에 형성한 게 있다

잉여와 도구

면, 그것이 무엇이라고 생각합니까?"

우리는
약하다

추상적이고 모호한 질문이었음에도 기자들은 대체로 별다른 망설임 없이 각자의 답을 내놓았다. 때로는 복수의 참여자가 같은 답을 하기도 했다.

벽이 생겼을 거예요. 벽이 다 있어요. 그렇게 자기 자신을 구분 짓는 벽이 있다니까, 남들로부터? 벽을 안 치고 섞이려 하는 순간 번뇌가 몰려와요. **(M02)**

서로가 서로의 **민낯**을 너무 적나라하게 봤죠. 넌 어땠어 넌 어땠어 이런 식으로 서로가 다 조각조각 났으니까……. **(M03)**

겁. 겁. 위축되게 하는. 사람을 위축되게 하는 그런 게 있죠. 아무도 나를 책임져 줄 수 없고, 내가 어떤 것을 상실했을 때 버텨낼 만한 힘이 나에게 없는 것 같기도 하고. 주눅 들고 위축되는 거죠. **(M05)**

되게 개인적인 **무력감**? 전체적으로 자신감이 떨어진 것 같고요. 예전에는 뭔가 내 목소리로 사회를 바꿀 수 있다. 그런데 지금은 안 되니까, 상처와 무력감? 그래서 더 쉽게 사람들이 전반적으로 약해지는 것 같아요. **(M06)**

분노지. 참 무례한 놈들이네 하는 분노. 이런 화가 치미는 거지. 그런 얘기도 들 수 있겠구나 순치돼 가는 느낌. 똑바로 해야지 나중에 골치 아프겠네. 마지막에 낙엽 조심해야지. 그래야 정년퇴직 잘할 것 아냐. (웃음) 분노, 플러스 약간 길들여지는 느낌? **(M08)**

저는 약간 개인의 **행복**에 좀 더 집중하게 된 것 같아요. 웬만하면 이 우울함에서 벗어나서, 개인의 행복을 찾는 데 집중하도록 노력하자……. **(M13)**

아마 대부분이…… 굉장히 인생에 대해 생각해 본 계기 아닐까요? 그런 생각도 들더라고요. MBC 기자는 대한민국 언론계에서 특권계급 중에 하나였잖아요. 가장 좋은 환경에서, 가장 누리면서. **그동안 우리가 너무 누려서 지금 이러나**? 너희도 좀 겪어 봐라……. 정말 탄압받는 사람들이 어떻게 살고, 그런 고통 속에서 사는 사람들의 마음이 어떤지 니들이 겪어 봐야 니들이 기자 되는 거 아니냐? 해서 우리에게 이런 시련이 온 것이 혹시 아닐까? (웃음) **(M20)**

잉여와 도구

약해. **난 약하다**. 조직의 한 구성원, 볼트 너트처럼 일부분일 뿐이지. 젊을 때 기자 할 때 시발 내가 나서서 뭐 하면 다 바뀌어. 그런 게 없어. (M21)

인간이 기본적으로 **나약**한 존재라는 걸 각자 깨닫는 기회 아니었을까. (M23)

이들의 말을 어떤 하나의 본질적 개념으로 묶을 수 있을 것인가? 나는 페미니스트 철학자 버틀러(Butler, J.)가 신자유주의적 삶의 전반적인 조건을 지칭하는 개념으로 강조한 '취약성(precariousness)'이라는 용어에 주목했다. 버틀러는 9·11 테러 이후 변화하는 미국 사회를 목격하면서, 외부의 힘들(external forces)로부터의 취약함을 인간의 존재론적 조건으로 규정하고 이를 취약성이라는 개념으로 규정했다.[67]

취약성은 사람들이 자신의 삶에서 통제력을 상실하고 외부의 힘에 취약해졌다는 의미를 담고 있다. 아감벤(Agamben, J.)의 표현을 빌리면 전반적인 삶에서 '벌거벗은 몸'으로 살게 된다는 것이다.[68] 이렇게 벌거벗은 이들은 외부의 힘이 발생시키는 공격에 무방비 상태로 노출돼 있으며, 그 변화를 수용할 수밖에 없는 자신의 삶에 지극히 제한적

---

67 채석진, 2016, "테크놀로지, 노동, 그리고 삶의 취약성", 『한국언론정보학보』 79: 226-259면.
68 조르조 아감벤, 2008, 『호모 사케르: 주권 권력과 벌거벗은 생명』, 박진우 옮김, 새물결.

인 통제력만을 발휘할 수 있는 조건 아래 놓여 있다.

말과 글이
힘을 잃은 시대

    그동안 사회적으로 인정받는 직업이자 정규직이라는 안정된 고용 조건, 언론계 내에서 높다고 볼 수 있는 연봉, 상대적으로 강한 노조의 보호, 독립성과 자율성이라는 저널리즘 가치 등을 누려온 MBC 기자들은 이런 '취약성'이라는 개념과는 멀었다고 봐도 과언은 아니다. 그러나 2012년 파업 이후 경영진의 비인격적 인사관리를 본격 경험하면서, 이들은 전에 느끼지 못했던 자신과 동료의 취약성을 목격하고 체감해 간 것으로 보인다.

    다시 말해 이들은 잉여 또는 도구라는 호명, 모멸감과 수치심, '죽은 노동', 고용 안정의 위협 등 경영진 권력의 억압에 직면했는데, 이런 상황을 통제하고 극복할 만한 힘이 더 이상 자신들에게 없다는 것을 절감한 것이다. 이들은 그간 기자로서 문제 상황이 발생하면 일상적 교섭과 사내 게시판 글, 성명서 등 '말과 글'로 싸웠고 이것이 통하지 않으면 기자총회, 제작거부, 파업과 같은 '행동'으로 싸웠다. 그러나 2012년 이후 이들이 경험한 것은 말, 글, 행동 등 자신들이 갖고 있던 모든 싸움의 수단이 하나같이 힘을 잃은 현실이었다.

정신을 차리고 보니 노조는 파괴되다시피 했고, 보수적 정치권력 아래의 사회적 감독기구와 정치권은 경영진에 대한 통제력 또는 통제 의사가 없었으며, 시민사회 역시 그 영향력을 상당 부분 상실했고, 대중 또한 무관심했다. 결국 남은 수단은 기자 개인 차원의 저항뿐이었는데, 말과 글이 힘을 잃은 시대에서 그 저항은 효력을 발휘하지 못했고 오히려 그 개인에 대한 보복적 조치로 귀결되곤 했다.

저널리스트로서 자신의 삶에 대한 통제력을 잃고 외부의 힘에 취약해진 기자들은 스스로의 취약성을 인정하고 그 현실을 기반으로 실천에 나섰다. 이런 실천은 전체적으로 외부의 힘에 대한 '저항'의 의미가 소거된 채 매우 소극적이고 수동적이면서도 저마다의 방법으로 '생존'을 모색하고 있다는 공통점이 있었다. 강력해진 경영진 권력과 노조의 최소 보호라는 상황에서 대부분의 기자는 위축된 삶을 살아갈 수밖에 없었던 것이다. 그리고 이런 과정을 공통으로 경험하면서 기자들은 서로의 취약한 '민낯'을 목도하게 되었다.

우리 자체가 좀 약했던 것 같애. 우리가 언론자유 외친 진정성이나 이런 건 되게 훌륭했지만……. 개인으로 돌아가면 다 약한 존재였던 것 같고. 회사가 맘먹고 이걸 다 갈라놓겠다 휘어잡겠다 하면 그걸 이길 만큼 각자 개인들의 결의나 준비 정도나 이런 게 안 됐던 것 같아. 또 (파업 이전에) 너무 외부로 MBC 기자들에 대해서 좀 과평가된 부분이 있었던 것 같고. 용기 부족에, 서로에 대

한 믿음이나 이런 것도 사라졌겠지. 나만 혼자 싸우고 피 보는 것
아닌가 하는 생각 있었을 거고.

(M23 인터뷰)

희망을 믿지 않는
오늘

　이렇게 과거에 당연시했던 삶이 위협받고, 유동성과 불안정성이 증
가하는 가운데 장기적으로 삶을 계획하고 미래를 전망하는 것이 어려
워진 사람들은 '생존'이라는 화두에 집중하게 된다.[69] 그리고 이런 사
람들에게선 보통 다음과 같은 맥락의 행위 전략이 나타난다. 미래에
대한 불신, 희망을 말하지 않는 냉소, 속물적 욕망 추구, 저항의 주소
를 잃은 혐오, 과거를 로맨틱하게 기억하는 복고주의, 소비 및 자기 표
출 욕망의 강화 등이다.[70] 이는 지배체제가 발생시킨 불안정성과 공포
를 공동체가 아닌 개인이 떠안은 결과로, 내가 만난 기자들에게서도
유사한 실천들이 관찰되고 있었다.

　요즘 살아가는 내 원칙이야. 하나가, 간절히 바라면 절대 되지 않

69　주 43번과 같은 논문.
70　주 44번과 같은 논문.

잉여와 도구

는다. 그리고 오늘보다 더 나은 내일을 믿지 않는다. 그 두 개가 원칙이야. 난 무조건, 모든 걸 수용하고. 오늘, 오늘이 나한텐 제일 중요하다.

Q. 전에는 하지 않으셨던 생각인데, 없던 게 생긴 건가요?

예전에는 이런 생각 안 했지, 물론. 희망이 없어졌다기보다는, 희망을 믿지 않게 돼 버린 거지. 내가 뭘 하고, 그런 바람들. 문득문득 약간 기대감? 희망? 이런 걸 자꾸 가지게 되면, 내가 바라게 되면 절대 되지 않는다. 바라지도 말자.

이 원칙을 세우고 나서 했던 것 중 하나가 마이너스통장으로 ○○○(*특정 제품명) 산 거야. 내 돈 주고 사고 싶은 거 사자. 누가 사주는 거 아니잖아. 누군가의 결정으로 연수 같은 건 갈 수 없는 상황이지만, 내 결정으로, 내가 마이너스통장으로. 왜? 뭐가 문제야. 내가 ○○○ 마이너스통장으로 산다 그랬더니 친한 후배놈이 왜 그래요? 어떻게 살라고? 아, 시발 내가 사고 싶어서 그냥. 나는 이런 거라도 좀 하면 안 되냐?

(M17 인터뷰)

이런 취약성은 어디서 기인한 것인가? 앞서 보았듯 취약성은 신자유주의적 삶의 전반적인 조건을 의미하는 개념이기도 하다. 신자유주의적 삶이란 경제적 양극화와 저성장의 심화, 노동유연화의 확대 및 비정규직 등 불안정 노동의 증가, 고용 불안, 청년 실업, 만성화된 테러와 전쟁 위협, 원전 사고와 같은 자연재해를 뛰어넘는 재난 등 사람들의 삶의 전반에 걸쳐 위험과 불확실성, 유동성이 증가하고 있는 모습을 말한다. 나는 MBC 경영진의 비인격적 인사관리 속에서 기자들이 절감한 취약성 역시 이 맥락과 무관하지 않다고 생각한다.

Q. 지금 상태에서 더 밖으로 인사 난다거나 하는 거에 대한 불안감이 있나요?

그건 별로 없어요. 밖으로 나가면 나간다. 대신 그런 건 있죠. 오히려 두려움이라면 안정된 직장인데, 이걸 잃으면 약간 당장 배우자와 애기를 먹여 살려야 하니, 거기에 대한 두려움은 있어요.

Q. 현재의 고용 상태, 신분을 잃는 것에 대한 두려움이 있다?

예. 솔직히 그렇게 생각합니다. MBC 정말 직업…… 대우가 좋잖아요. 전 좋다고 생각하거든요. 제가 진짜로 공정언론이나 기자로서의 사명감, 그런 것만 정말 생각하고 투철했으면 연봉 같은 게 다운되더라도 다른 데 가야 된다고 생각해요. 근데 그런 게 아니니까……. 저는 가족들을 사랑하고 좋은 환경을 주고 싶고, 그들

잉여와 도구

의 바람을 맞춰 주고 싶거든요. 그러다 보니 더 연봉이 낮은 데 가면 그만큼 힘들어지잖아요. 그런 현실적인 이유가 커요.

Q. 파업을 몇 번이나 했던 구성원들이 지금은 침체돼 있는 이유도 그런 것 때문일까요?

네. 언론인이기 전에 생활인이기 때문이라고 생각합니다. 다 저랑 비슷한 그런 거 아닐까요? 파업을 해야 되면 지금 해야 되는 거고, 그렇지 않을 거면 회사를 나가서 다른 언론사를 가거나 그런 게 맞는데 어쨌든 그래도 훗날을 도모하면서 여기 있는 이유는 그만큼 여기가 중요한 회사이기도 하지만 여기가 주는 생활적 환경이 매력적이기 때문에.

저는 만약 여기가 ○○○○이나 ○○○○(*특정 언론사) 같은 언론사였다고 가정해 보면, 전 다 나갔을 거라고 생각해요. 연봉이 훨씬 적은 상황에서 회사가 갑자기 확 이렇게 상황이 바뀐 거잖아요. 좋았던 메리트가 없는데. 지금 여기(MBC)서 남은 메리트라는 건 연봉과, 그런 것밖에 안 남지 않았나요? 딱 하나 있다면 미래에 대한 기대감이죠. 분명 있죠. 저도 올 수 있다 생각하는데요. 그래도 미래에 대한 기대감으로 몇 년 동안 버틴다는 거. 그것보단 오히려 다들 좀 더 현실적인 이유 때문이라고 생각해요.

(M06 인터뷰)

현재 비보도 부서에 속해 있는 M06은 자신이 느끼는 취약성의 실체를 나로선 미안함이 느껴질 정도로 솔직하게 공유해 주었다. 이 인터뷰에 많은 것이 담겨 있다. 그동안엔 느껴 보지 못했던 '해고' 등 고용 상태 변동에 대한 두려움, 기자이기 이전에 생활인으로서 가정의 물질적 토대를 지켜야 한다는 부담, 그런 토대를 지켜 내면서 업계 내에서 자연스럽게 '수평이동'하는 것이 쉽지 않은 현실적 조건 등이 나타나 있다. 나는 M06이 느끼는 이런 불안감과 두려움이 앞서 언급한 삶의 조건들, 즉 저성장, 고용 불안, 노동유연화 등 생활 조건들과 무관하지 않다고 생각한다.

2장과 3장에서 살폈듯 기본적으로 비인격적 인사관리가 MBC 구성원들을 향해 강력하게 작동했고 결과적으로 이들을 전보다 '취약하게' 만든 것은 분명하다. 구성원들은 모욕과 수치 등 취약함을 느끼면서도 그 어려움을 돌파해 내지 못했으며, 그 이유는 경영진의 인사관리에 대한 두려움이 물론 컸지만 본질적으로는 이들이 전보다 더 유동화되고 불확실하며 불안정해진 삶의 조건들에 묶여 있었기 때문이라는 측면이 크다. 그 때문에 경영진의 강한 억압을 뚫어 낼 더 큰 저항적 에너지를 만들지 못했던 것 아닐까.

그렇게 보면 이런 동시대적 삶의 조건들은 2012년 노조 파업의 패배, 그리고 그 이후 경영진의 인사관리가 주체의 취약성을 매우 효과적으로 공략할 수 있던 중요한 배경이었다고 볼 수 있다.

잉여와 도구

예전(1980~1990년대) 파업만 생각하고…… 힘만 모으면 다 될 거라 생각하고. 그런데 그때 파업들하고 (2012년 파업이) 달랐던 게 뭐냐면, 예전 파업은 MBC가 움직인다고 하니까 그게 전 국민적인 관심사가 됐었어. 근데 MB 정권에서는, 사실 전 국민의 관심사가 아닌 거야. 일반 직장 어디 노조 파업하는 것처럼 취급당해 버리고.

Q. 그게 어떻게 다르게 느껴지셨나요?

(전에는) 전 국민적 관심 대상이었던 거지. 아무리 저쪽에서 마타도어하고 그래도 우리가 거리투쟁 나가 보면 아니까. 여권 인사들이 전부 움직여서 중재하려고 노력하고. 그래서 탄생한 게 방문진(방송문화진흥회)이니까. 법까지 만들어지고. 그게 국민적 관심이 없었으면 이뤄질 수 없었던 사항인 거지. 근데 이거는 이명박 정권 딱 들어서 갖고 언론도 다양화되면서 전 국민적 관심사가 되지도 않았을뿐더러, 엄청난 차이가 있는 것 같아. 파업의 방향이나 목표 하는 건 같았다 하더라도, 사회 분위기나 여건이.

(M08 인터뷰)

"저널리즘은 빙산에 얹혀 있는
  빙조각"

    1990년대 초 MBC 노조 파업이 성취한 이유와 2012년 파업이 실패한 이유를 각각 분석해 비교하는 것은 엄연히 다른 연구 과제이므로 이 글에서 깊이 들어가지 않는다. 다만 M08의 경험을 단서로 삼아 간략하게 분석해 보면, 2012년 파업이 전과 달리 전국민적 관심사로 부상하지 못했던 이유는 크게 세 가지로 보인다.

    첫째는 방송 환경의 변화다. '다채널 다미디어 시대'라는 말에서 나타나듯 현재 미디어와 플랫폼의 다양성 수준은 지상파 방송만 존재했던 1990년대 초와는 비교할 수 없다. 지상파 채널이 세 개였던 25년 전과 지상파 채널이 두 개였던 30년 전 그 가운데 하나가 파업을 하는 것과, 무수한 미디어와 플랫폼이 있는 지금 그런 미디어 가운데 하나인 지상파 채널이 파업을 하는 것의 존재감 차이는 당연히 클 수밖에 없다.

    둘째는 노동 환경의 변화다. 방송사 내부를 들여다보면 계약직과 용역직, 파견직 등 비정규직 비율이 1990년대와는 비교할 수 없을 정도로 증가했다. 방송사 외부 역시 마찬가지다. 외주제작사, 프리랜서들과의 계약 비율이 높아지는 등 방송계 내에서 노동유연성이 증가했다. 따라서 정규직 위주인 방송노동자의 파업이 실제 방송 제작에 차질을 빚는 데 미치는 영향은 매우 약화될 수밖에 없었다. 정규직이 파

          잉여와 도구

업을 하더라도 다수 비정규직이나 외주제작사, 계약직 프리랜서들은 전과 동일한 노동을 제공했기 때문이다. 또 정규직의 파업으로 프로그램이 파행된다 하더라도 이 경우 결과적으로 작가나 FD 등 비정규직이 계약 해지 등으로 일자리를 잃게 되는 부작용이 발생해 파업을 결심한 정규직 노동자들에게 부담을 주는 측면도 있었다.

마지막으로는 사회 환경의 변화를 생각해 볼 수 있다. 이른바 '3저 호황' 속에 사회적으로 민주화 열기가 높아가고 국제정치에서 데탕트 국면이 열리던 1990년대 초와, 전세계적인 신자유주의 물결 이후 저성장 국면이 펼쳐지고 민주화 세력이 몰락한 뒤 사회 전반이 보수화하고 불확실성과 유동성이 급증하는 등의 특징을 지닌 2010년대 초반의 차이를 비교해야 한다.

이런 점들을 토대로 볼 때 2012년 이후 MBC에서 발생한 일들은 분명히 MBC 안팎의 동시대적 사회 구조의 조건들과 깊은 관련이 있다. 경영진이 비인격적 인사관리를 도입한 배경도 사회적 조건과 관련이 깊으며, 저널리스트 개개인의 취약성 문제 역시 단순히 기자들의 투쟁 의지, 결기, 저널리즘 윤리의식, 전문직주의 등이 높거나 낮다는 변수에 의해서만 결정되는 것이라고 보기는 어렵다.

이런 취약성은 사회적 상황 및 구조와 맞물려 돌아가는 것으로 이해하는 게 타당하다. 아무리 저널리스트의 윤리의식과 투쟁 의지가 높더라도, 사회적 상황의 변화, 즉 사회 전반의 움직임들(movements)

이 동반되지 않는 상황이라면 그 개별적 의식과 의지만으로는 문제 상황을 돌파할 수 없다고 봐도 과언이 아닌 것이다.

Q. 이런 일들을 겪으면서 기존의 기자관이나 저널리즘관에 혹시 변화가 생기셨다거나 하는 점이 있나요?

한 가지 굉장히 중요한 생각을 갖게 되었는데, 옛날에는 개개인의 기자가 중요하다, 기자라는 직업이 되게 숭고한 직업이다라고 생각을 했어. 그리고 그걸 실천하기 위해 살았다고 생각을 했고. 그런데 지금 보니까, 아니야. 두 개의 사례를 들어서 얘기를 하면, JTBC 뉴스는 정말 ○○○(*비속어) 같은 뉴스였어. 근데 보도 부문 사장이 하나 왔더니 이게 완전 투사가 되었어. 세월호 국면, 또 이번에 어버이연합 같은 것도. 이거 되게 어려운 기사야. 가스통 들고 올 텐데. 반대로 MBC는 지금 부장들 중에서도 옛날(파업 이전) MBC 다닌 사람이 있음에도 불구하고 사장 하나 갈리니까, 국장 하나 갈리니까 바로······. 그래서 기자의 덕목이라고 하는 것이 얼마나 웃긴 건가. 저널리즘이란 게 얼마나 웃긴 건가 생각하게 된 거지. 지금 나는 숭고한 기자정신 이렇게 생각 안 해. 왜냐면 갑자기 만들어지잖아, JTBC 같은 경우에. 또 MBC 같은 경우는 완전히 없어지잖아. 그 구조가 너무나 무섭다는 거지. 일개 기자가 할 수 있는 건 정말 적지. 저항하면 속속 빼 가지고 갖다 넣는 거지.

Q. 그게 선배가 느끼시는 현 상황의 어떤 문제점, 본질 같은 건가요?

방금 얘기한 것처럼, 저널리즘이라는 게 중요한 게 아닌 것 같다는 생각을 하게 된 거지. 왜냐면 그…… 우리 사회의 힘의 관계가, 어찌 보면 정치가, 우리나라에서 통용되는 민주주의 방식이, 사람들의 생각과 민도(民度)라는 것이, 어찌 보면 저널리즘을 있게 하는 동력이고, 저널리즘은 혼자 있는 게 아니라 그 위에 얹은 하나의 조각에 불과하다. 빙산에 얹혀 있는 빙조각에 불과하다. 이 큰 구조가 움직이지 않으면 어렵다는 생각을 했지.

(M10 인터뷰)

저널리즘을 '빙산에 얹혀 있는 빙조각'으로 비유한 M10의 말에 대해 나는 깊이 공감했다. 그 부분에 있어 그와 내가 경험적으로 깨달은 바는 거의 유사했다. 그 비유로 많은 것이 설명된다. 왜 기자들은 어떤 시기에는 저항적이고 투쟁적인데, 왜 다른 시기에는 순응적으로 변해 저항을 유예하거나 포기하는 것일까? '동일 인물'인데도 말이다. 기자로서 저널리즘 철학과 소신이 수시로 바뀌기 때문일까? 그렇지 않다. 결국은 그가 발 딛고 서 있는 사회의 구조, 그가 체감하는 사회적 분위기가 중요하다. 사회적 삶을 살아가는 한 사람의 행위자로서 기자역시 자신이 속한 사회의 흐름과 소통하면서 순간순간 유기체로서 생존하기 위해 적절한 판단을 내리려 하는 것이다.

이것은 '기회주의' 같은 언어로만 설명되기에는 좀 더 중층적이고 복합적인 맥락의 실천이다. 물론 파업할 때는 노조원으로 참가했다가 파업 이후 노조를 탈퇴하고 경영진 쪽으로 '투항'하는 유형도 있다. 이런 행위는 기회주의적이라고 볼 수 있다. 그러나 내가 설명하고자 하는 것은 이런 행위만을 말하는 것이 아니다. 가령 파업에 적극적으로 참여했고 그 결과 잉여로 폐기된 주체, 여전히 저널리즘 소신을 지키며 변혁을 희망하는 주체라 하더라도 그 역시 여러 시행착오를 거치면서 '외부의 흐름과 분위기'를 관찰하고 파악한다는 것이다. 그 결과 자신의 저항이 유의미한 변화를 가져올 수 있다고 판단되면 저항적 실천에 나서지만, 그렇지 않다고 판단되면 우선은 움츠리고 순응하면서 스스로를 지키는 것에 주력하는 경우가 많다. 그렇게 해야 '취약한' 자신을 외부의 힘들로부터 보호하면서 미래를 기약할 수 있기 때문이다.[71]

그래도
기록했어야 했다

결론적으로 '저항의 유예'를 실천 전략으로 택한 MBC 기자들은 저항 대신 자기 검열을 강화하면서, 영혼 없이 뉴스를 납품하면서, 죽은

71　물론 취약성에 대한 이런 논의가 저널리스트의 저항적 실천의 필요성 자체를 소거하는 결론으로 귀착되어선 곤란할 것이다. '실천'의 조건이 되는 '사회 전반의 흐름과 분위기'라는 것은 역으로 행위자들의 적극적인 저항과 실천 속에서 촉발될 수도 있기 때문이다.

노동을 수행하면서, 기자로서의 성장 대신 사적 자기계발을 선택하면서, 체념과 냉소를 일상화하며 분노를 삼키고 있다. 그러나 한편으로는 노조원 신분을 유지하면서, '죽은 노동' 속에서도 기자의 정체성을 유지하면서, 방송의 독립성을 회복해야 한다는 도덕감을 유지하면서, 그래도 언젠가 세상이 바뀔지 모른다고 불투명하게나마 희망하고 있다. 박형신과 정수남(2013)의 표현을 빌면, "무대 뒤편에서 이를 갈며 버텨 왔다"라고 내심 생각하는 것이다.[72]

'유예'라는 실천적 행위를 어떻게 이해해야 할까? 겉으로는 순응하는 것처럼 보인다. 그러나 이면을 보면 저항의 맥락이 거세된 행위로만 규정하기는 어렵다. '저항'이란, 비단 체제를 무너뜨리는 정치적이고 혁명적인 행동만을 의미하는 게 아니라, 지배 이데올로기가 제시한 정체성과 통제를 받아들이지 않으려는 행위를 포함한다고 볼 수 있기 때문이다.[73]

Q. 버티고 있는 게, 각자 조금씩 결들은 다르겠지만, 그것도 어떤 저항 같은 걸로 해석될 수 있다고 생각하는지?

싸우는 것의 일종이다……. 그렇게 생각해 본 적이 없어서…….
과연 우리가 이렇게 남아 있는 것이 싸우는 것의 일종인가…….

---

72 주 42번과 같은 논문.
73 박명진, 1991, "즐거움, 저항, 이데올로기", 『사회과학과 정책연구』, 서울대학교 사회과학연구소, 13(2): 67–95면.

100퍼센트라고 보기는 어려울 것 같고요. 50퍼센트는 갈 곳이 없어서고. (웃음) 딴 데 가서 이 정도 대우 받을 수 없으니까 그런 거에 타협한 측면이 50퍼센트는 있는 것 같고. 50퍼센트 정도는……. 다들 MBC에 대한 애정과, 언젠가 돌아올 수도 있다라는. 좋은 날이 돌아왔을 때 내가 여기 없으면 너무 슬플 것 같다. 내가 사랑했던 MBC라는 조직에. 그런 걸 가슴에 품고 참고 있는 면도 있지 않을까.

그게 싸우는 거라고 얘기할 순 없는데, 지금 기자들이 조용히 있다고 해서 가슴에 의견이 없는 건 아니거든요. 울분이 없는 건 아니거든요, 할 수 있는 게 없으니까? 때를 기다리는 게 아닌가……. 더 다치지 않고 잘리지 않고 1명이라도 더 회사에 남아서 뭉쳐 있다가 때가 왔을 때 좀 뭉쳐 보자라는 게 아닐까라는 게 제 생각이에요.

(M13 인터뷰)

자신의 취약성을 분명히 목도하며 저항의 유예를 실천 전략으로 택한 기자들은 이렇게 각자의 논리로 스스로를 정당화했다. 그렇게 2012년 이후의 시대를 버텨 왔다.

2017년 현재 이들은 예전과 전혀 다른 모습이 되어 버린 MBC를 때때로 응시하며 '정말 우리들의 방식이 최선이었을까' 하고 자문하는 것 같다. '어쩔 수 없었다' '누구라도 마찬가지였을 것'이라는 마음

잉여와 도구

가짐을 여전히 갖고 있지만, 한편으로 유예적 전략에서 벗어나지 못했던 자신을 보며 어딘가 찜찜하다는 마음을 털어 내지 못하는 것이다. 정말 나는 최선을 다했는가? 이런 자문에서 자유로운 듯한 MBC 기자를 나는 인터뷰 과정에서 만나지 못했다. 적어도 2012년 파업에 참가했던 기자라면 말이다.

Q. 지난 5년 동안 MBC 기자들이 싸울 만큼 싸웠다? 버틸 만큼 버텼다? 아니면 더 할 수 있었는데 못 했다? 어떻게 생각하나요.

결론적 해석일지 모르겠는데 80퍼센트 이상이 장악이 됐잖아요? 외부에서 온 사람들로(*시용·경력 기자). 남아 있는 사람들도 있긴 있지만 갈수록 줄었고. 남아 있다 하더라도 아주 극소수의 부서에 밀집된 형태인 것 같고.

결과적으로 이럴 바에야, 뭔가 기록으로라도 좀 남겨 놓을 필요성이 있지 않았나 하는 생각이 들긴 해요. 단체행동은 항상 동력의 문제가 있고, 개개인으로 장렬한 전사를 했을 수도 있지만 부족한 힘을 절감하고 순응해 왔던 게 사실인데, 저도 개인적으로 목소리 내거나 하진 못했지만. 본인들이 분노를 느꼈다면 각자 지엽적으로 좀 더 저항하는 사람들이 있었어도, 괜찮지 않았을까. 결과적으로 그거 하나하나가 기록이었을 것 같다, 기록이어야만 했다. 이런 생각 들죠.

'내가 이런 아이템 발제했는데, 위에서 못 하게 했다. 그래서 저항을 했다.'

이런 기록들이 지금 생각해 보면 너무 없는 거예요. 저도 국장하고 갈등했다고는 하나 제가 더 강하게 저항하지 않았기 때문에 기록으로 안 남아 있는 거고. 많이 부족했죠.

(M24 인터뷰)

잉여와 도구

반전의
기회

MBC 기자들의 취약성이 확인되고 저항을 유예함으로써 꽤 오랫 동안 MBC라는 무대에서 '저항'의 실천은 사라진 상태였다. 겉으로 드 러난 이런 현실은 경영진이 구축한 체제가 안정적으로 재생산되어 왔 있음을 의미한다. 여전히 다수 기자들은 경영진의 지배 이데올로기에 동의하지 않는다. 그러나 일상에서 기자들은 저항의 유예와 순응, 길 들여짐 등을 선택했다. 이런 기자들의 실천은 그들의 의도와 달리 현 재 MBC 체제를 재생산해 왔다.

그러나 이런 체제는 결코 안정적이지 않다고 생각한다. 왜냐하면 기자들의 실천 속에는 반발과 저항의 좌절, 내사화된 분노, 여전히 꺾 지 않은 도덕감과 불투명한 희망 같은 것이 용해돼 있기 때문이었다. 저항을 유예한다는 성격의 실천이 토대가 된 채 진행되는 체제 재생산의 과정은 그 본질상 불확실하고 유동적일 수밖에 없다.

이렇게 비유할 수 있을까? 권력은 건물을 지을 것을 지시했고 일꾼들은 벽돌이라는 재료를 올리고 있다. 벽돌이 쌓아지고 있으니 건물이 지어지고 있음은 분명하다. 그런데 그 재료에 이를테면 '꺾인 반발과 저항의 흔적들' 같은 성분이 용해되어 있는 상태다. 또 그런 재료의 벽돌을 올리는 일꾼들의 노동이 '살아 있지' 않다. 모두 그런 것은 아니지만, 상당수가 그렇다. 이 건물은 고정적인가? 안정적인가? 나아가 영구적으로 문제가 없을까?

유예된 주체들이
남아 있다

슬라보예 지젝은 지배 이데올로기가 완전한 방식으로 주체를 장악할 수 없다고 강조한 바 있다. 이데올로기는 항상 어떤 나머지 또는 잉여로서의 공백(void)을 남기는 방식으로만 주체를 장악하는데, 이때 이 공백이야말로 진정한 주체라고 그는 강조한다. 바로 이 공백이 지배 이데올로기에 대해 저항하고 반역할 수 있게끔 만들어주는 진정한 주체라는 것이다.[74]

2012년 이후 경영진의 비인격적 인사관리를 경험한 기자들은 잉여

---

74 최원, 2013, "루이 알튀세르, 이데올로기와 반역", 『처음 읽는 프랑스 현대철학』, 동녘.

잉여와 도구

혹은 도구로 지명된 자신의 모습을 수용했다. 이때의 기자는 더 이상 기존의 전문직주의 아비투스를 근거로 한 '성장하려는 주체'가 아닌 '억눌러지고 위축된 주체'였다. 그러나 지젝이 강조한 것처럼, 경영진의 지배 이데올로기가 이들 기자 주체를 완벽하게 장악한 것은 아니었다. 그 과정에서 어떤 나머지, 잔여물, 공백이 남았는데, 이것이야말로 진정한 주체다.

나는 그 남은 것을 유예라는 단어에서 발견했다. 기자들은 잉여와 도구라는 호명을 수용하면서도 동시에 한편으로는 '유예된 주체'로 스스로를 재구성했던 것이다. 아까의 비유를 다시 가져오면, 일꾼들은 힘이 부족하여 불가피하게 벽돌을 얹고 있긴 하지만 이 건물을 정말 끝까지 지을 생각은 아니다. 언젠가 상황에 변화가 올 때까지 저항을 유예하며, 분노가 용해되어 있는 벽돌을, 죽은 노동으로 올리고 있는 것이다. 이들이 지젝이 말한 '진정한 주체'이며, 지배 이데올로기에 대해 저항과 반역을 가능하게 하는 주체라고 할 수 있다.

그렇게 저항을 유예해 온 MBC 기자들은 2016년 말 거짓말처럼 새로운 상황에 직면하게 되었다. 최순실 국정농단 사건이 터진 것이다. 대중의 분노가 폭발하면서 박근혜 대통령이 두 번이나 대국민사과를 했고 급기야 공식 업무를 볼 수 없는 지경에 이르렀다. 매주 주말에 수십만에서 수백만 명이 촛불을 들고 서울 광화문을 비롯해 전국 방방곡곡에서 대통령 퇴진 촉구 집회를 열었다. 그 결과 국회에서 대통령 탄핵안이 압도적 찬성으로 가결되기에 이르렀다. 누구도 예상하지 못한 반전이었다.

봉인이 풀리기
시작했지만

　세월호 참사 이후 2년 넘게 침묵하다시피 해 온 MBC 기자들 사이에서도 '유예'라는 봉인이 풀리기 시작했다. 2016년 11월 7일 오전, 사회1부 김주만 기자가 내부 보도정보시스템에 장문의 글을 올렸다. '뉴스 개선안은 보도국장의 퇴진으로 시작해야 합니다'라는 제목이었다.

　보도국에서는 그동안 한 번도 경험하지 못한 광경이 이어지고 있습니다. 보도국장부터 어디부터 취재해야 할지 몰라 남의 뉴스를 지켜봤다 받아쓰라고 지시를 하고, 부국장은 '오늘은 어느 신문을 베껴 써야 하나'고 묻는 현실이 이게 과연 MBC가 맞냐 의문이 들 정도입니다. 국장을 비롯한 편집회의 간부들은 그동안 뭘 했습니까? 국장은 기자들이 기사 가치로 판단하지 않고, 국장이 싫어하지 않을까, 부장에게 찍히지 않을까 눈치를 보는 보도국으로 만들었습니다. 반발하는 기자들을 징계하고, 저항하는 기자들을 쫓아내고, 마음에 안 드는 기자들의 입을 틀어막은 결과입니다. 보도국은 함량 미달의 뉴스 편집이 이뤄져도 침묵하고, 진실을 왜곡하는 기사가 나가도 침묵하고, 시청자들이 등을 돌려도 스스로를 조소하는 곳이 되어버렸습니다.

직접 MBC 로고가 담긴 카메라를 들고 거리로 나가서 국민의 소리를 들어 보십시오. 더 이상 시간이 없습니다. 국장과 간부들의 능력도 이쯤 되면 충분히 검증된 것 아닙니까? 시청률 3퍼센트…… 이 정도면 충분히 떨어진 것 아닙니까? 혹시라도 보은 차원에서 박근혜 정권을 지켜야겠다는 사명감을 가졌다면 그건 착각이고 망상입니다. 그것도 뉴스가 힘이 있을 때나 가능한 겁니다. 뉴스 개선안을 제안합니다. 뉴스 개선은 보도국장과 간부들의 퇴진으로부터 시작돼야 합니다. 뉴스 개선은 보도국에서 쫓겨났던 모든 기자들을 다시 원래 자리로 되돌리는 것으로 시작해야 합니다.[75]

이 글이 기폭제였다. 침묵하던 기자들이 글을 쏟아내기 시작했다. 파업 참가 기자들은 물론, 2012년 이후 입사한 경력기자들까지 일부 동참했다. 실명으로 글을 올린 이들이 약 50명이었다. 경영진을 향한 비판, 뉴스 개선과 스스로에 대한 반성 등의 내용이 주를 이뤘다.

뉴스에 대한 문제제기를 해사 행위나 분열 조장쯤으로 규정짓는

---

75 미디어오늘, 2016.11.7, "MBC 기자 '보도국장부터 물러나야 한다'", http://www.mediatoday.co.kr/?mod=news&act=articleView&idxno=133136

분위기 속에서, 저 역시 반성보다는 냉소가 차라리 속이 편했는지
도 모르겠습니다. (박주린 기자)

다 같이 침묵하다 보니 너나 할 것 없이 모두가 공범이 된 느낌입
니다. 솔직히 말하자면, 이런 글을 쓰는 저부터도 쪽팔립니다. (조
승원 기자)

진보 매체들뿐 아니라 TV조선까지 연일 특종을 이어가는 동안 모
두가 퇴근을 미룬 채 JTBC가 무슨 이야기를 하는지 넋 놓고 바라
볼 뿐 할 수 있는 건 아무것도 없었습니다. 비슷한 연차의, 같은 기
자인데도 나는 여기서 무엇을 하고 있는지 깊이를 알 수 없는 자
괴감이 몰려왔습니다. (손령 기자)

뒤늦게 뛰어든 최순실 취재는 패전병이 아니라 유물 발굴단 수준
이었습니다. 이 와중에도 편집실에서는 대통령과 차은택이 같이
서 있는 장면은 쓰면 안 된다는 말이 나왔습니다. (임경아 기자)

무엇보다 이러려고 기자가 됐나 자괴감에 휩싸여 아무것도 할 수
없다 한탄만 할 것이 아니라 구성원 모두 제 목소리를 내고 제 몫
을 해야 합니다. 패배의식과 자괴감에 빠져 있을 게 아니라 무엇
이든 시작해 보자는 논의의 자리라도 마련돼야 하지 않을까요? 다

시 모두 힘내서 뉴스를 살려봅시다. (문소현 기자)

아래에서 열기가 올라오자 노동조합은 기자와 PD 등 조합원 수백 명이 참석한 가운데 '방송 정상화를 위한 조합원 결의대회'를 열었고, 노조원들은 기자와 PD 직군을 중심으로 돌아가며 매일 점심 MBC 로비에서 피케팅을 했다. 기자들은 기수별로 단체성명서를 작성해 올렸다. 또 곽동건, 이덕영, 전예지 기자는 'MBC 막내기자의 반성문'이라는 3분 42초짜리 영상물을 유튜브에 올려 40만 건 가까운 조회수를 기록했고, 그 직후 경영진이 이들에게 경위서 제출을 요구하는 등 징계 움직임에 나서자 96명의 MBC 기자들이 참여해 그와 똑같은 영상물을 제작, 유튜브에 업로드했다.

MBC 바깥의 사람들은 잃어버렸던 말과 글의 힘을 완연히 회복해 광장을 중심으로 세상을 바꿔가는 모습이었다. 그런데 MBC 안에서는 여전히 말과 글에 힘이 없었다. 뉴스는 바뀌지 않았다. 보도국장을 비롯한 간부들도 그대로였다. 반면 처음 글을 올렸던 김주만 기자는 어느새 보도국 바깥으로 전보돼 있었다. 유튜브에 동영상을 올린 세 기자도 징계를 받았다.
그 무렵 MBC는 중요한 변곡점에 직면하고 있었다. 안광한 사장의 임기가 끝났다. 후임 사장이 선임되어야 했다. 고영주 이사장을 비롯한 방송문화진흥회의 여권 이사들은 변화된 사회 분위기와 여론을 수

렴해 공영방송의 새 사장을 뽑을 생각이 전혀 없었다. 김재철-안광한 체제를 충실히 계승하는 인물, 계속해서 박근혜 대통령과 태극기 시민들만 대변할 극우 편향적 보도를 하고 그를 위해 비인격적 인사관리라는 엔진을 계속 가동할 인물을 찾았다.

그 인물은 가까이 있었다. 2012년 파업 당시 정치부장이었고, 이후 박근혜 정권에서 보도국장, 보도본부장의 수직 출세 코스를 밟아 온 김장겸 본부장이었다. 그는 '세월호 보도 참사'의 총책임자, '최순실 게이트 보도 참사'의 총책임자로 기자들에 의해 지목된 인물이었다. 그가 MBC 뉴스를 책임져 온 시간은 MBC 뉴스의 신뢰도와 영향력이 급전직하한 시간과 정확히 일치했다. 그럼에도 방송문화진흥회는 김장겸 본부장을 3년 임기의 신임 사장으로 선임했다. 그의 임기는 2020년 2월까지다.

김장겸 사장의 등장은 MBC의 뉴스 편집 방향 및 비인격적 인사관리 기조에 전혀 변화가 없을 것임을 강력히 시사하고 있다. 내부 구성원들은 누구보다 그 사실을 잘 알았다. 대중의 분노가 비등점을 돌파한 시점에서, 대통령이 탄핵되고 새 대통령을 뽑을 선거를 앞둔 시기에 이런 뉴스, 이런 체제, 이런 경영진이 계속해서 재생산되는 것을 수용해야 하는가? MBC의 상황을 문제적으로 보는 구성원 대부분은 그럴 수 없다고 생각했을 것이다. 그러나 제도적으로 문제 삼을 길이 없었다. MBC 사장을 선임하기 위해 후보를 공모하고, 면접과 심사를 거쳐 최종후보자를 내정하고 주주총회 후 선임까지 방송문화진흥회가 진행한 일련의 사장 선임 과정은 모두 합법이었다.

저항을
머뭇거린 이유

    제도적으로 김장겸 사장의 선임을 막을 수 없었다면, 구성원들은 어떤 저항적 실천을 택해야 했을까? 제도의 영역과 경계를 넘나들고 더 나아가 그 한계에서 탈피하는 강도까지 나아가야 했을지도 모른다. 가령 더 강하게 집회를 한다든가, 피케팅 및 농성의 강도를 끌어올리고, 그래도 안 되면 제작거부나 파업 등 2012년과 같은 저항적 실천에 나서야 했을지도 모른다. 상황이 바뀌었기에, 사회 전반에서 움직임들이 용솟음치고 있었기에, 구성원들의 저항은 체제가 강제하는 정체성과 통제를 받아들이지 않는 수준을 넘어 '체제를 무너뜨리는 정치적이고 혁명적인 행동'으로 강화되어야 했을 수 있었다.

    그러나 끝내 그런 수준의 실천은 당시의 MBC에서 나타나지 않았다. 실천 자체가 없었다고 할 수는 없지만, 김장겸 체제의 출범을 봉쇄할 수 있는 강도는 아니었다. 김 사장의 선임을 반대하던 MBC 구성원들은 노조를 중심으로 집회를 열고 성명서를 쓰고, 'Not my President' 같은 문구가 쓰인 피켓을 들고 침묵시위를 벌였지만 이것으로 그의 MBC 입성을 막을 수는 없었다. 봉인된 유예가 풀리기는 했으나, 그보다 강도 높은 저항으로 진화하느냐 그렇지 않으냐의 지점에서 구성원들은 또 한 번 '머뭇거린' 것이다.

MBC 구성원들은 왜 2016년 말에서 2017년 초까지 대한민국에서 펼쳐졌던 격동의 시기를 흘려보낸 걸까? 논문을 발표한 이후 추가 조사연구를 진행하면서 2017년 4월, 5명의 기자를 추가로 심층 인터뷰했고 그들 가운데 일부에게 이 물음을 던졌다.

Q. ○○○ 기자는 어떻게 생각하나요? 왜 더 못 싸웠는지.

파업 끝나고는 당분간 못 싸우는 거였고. 패배 확인하는 그거였으니까. 그다음에 간헐적인 싸움이 있긴 했지만 다 지는 거였고. 아무도 안 알아주는데 우리끼리 조그만 것 가지고 싸우다가 날아가는 게 무슨 의미가 있냐. 시용들한테 자리나 넓혀 주는 거지. 자리를 지키자. 이런 생각이 한때 좀 지배했던 것 같고.
최순실 사태 터지고 나서는 어떻게 보면 혁명? 국가가 뒤집어지는 상황이었는데, 그때는 싸웠어야 되는 시기라고 저는 보는데, 놓친 거죠. 놓쳤기 때문에 MBC는 그 대가를 나중에 이후에라도 정권이 바뀐 뒤에라도 톡톡히 치를 거라고 생각하고, 또 치르는 게 맞다고 생각해요. 암튼 놓쳤는데 이건 제 느낌인데 그냥 너무 많이 겁을 먹었다. 그리고 겁을 먹은 사람들은 주로 자리를 지키고 있는 사람들이었다. 그리고 싸울 만한 동력이 있는 사람들은 주로 바깥에 나가 있는 사람들인데 이들이 안에 있는 사람들한테 함께 싸우자고 얘기하기 싫은.

첨언하자면 이 사태 때 동기 카톡방에서 얘길 많이 했어요. 저는 계속 싸우자는 주의인데, 파업이든 뭐든 강하게 해야 된다는 건데, 피케팅만으로는 안 된다. 근데 저는 제 동기들 사이에서 그런 얘길 세게 할 수 없다는 생각을 하고 있었어요. 바깥에 있으니까, 오히려 너네 지금 나서라 이런 얘기를 못 하겠는 거예요. 마치 '너는 밖에 있으니까 (싸우라고) 말 편하게 하지?' 이렇게 들릴 거라는 게. 제가 좀 너무 강요하나? 이런 생각?

(M24 인터뷰)

보도본부 밖으로 배제된, 잉여적 기자였던 M24에게는 양가적인 마음이 있던 것 같다. 우선 가까운 동료들에게는 함께 행동하자고 제안하기 미안한 마음을 갖고 있었다. 이미 자신은 잃을 것이 별로 없는 상황인데, 아직 잃을 것이 남은 동료들에게 저항하자고 말하기가 어려웠다는 것이다. 만약 자신의 말을 듣고 '잃을 것이 남은' 동료들이 저항했다가 어떤 성취를 올리는 데 실패한다면, 그 동료들이 처하게 될 상황에 대해 M24 자신이 책임을 질 수 없기 때문이었다.

다른 감정은 심리적 거리가 벌어진 동료들을 향한 것이었다. 분명 예전에 함께 일한 동료였고 파업도 같이 했다. 그러나 파업 패배 이후 그들은 보도국에 복귀해 간부들과 '그럭저럭 잘 지내는' 것처럼 보였다. 다수 동료들이 해고되고 징계당하고 방출되어 있는 동안 그들은 경력 계발에 문제가 없었으며 일부는 보직이나 해외연수와 같은 '당근'도 누렸다. 그런데 다시 이들과 함께 싸워야 한다면? 전처럼 동지라는 연대를 느끼며 행동할 수 있을까? 적어도 M24은 자신이 없는 것처럼 보였다.

약간 박쥐형, 자기 이익을 챙겼던 사람들, 저는 이런 분들에 대해서 명확하게 해야 한다고 봐요. 어찌 됐건 선택을 한 거잖아요. 내가 지금 약간 불편하고 사람들이 아니꼽게 볼 것 같아도 이 길을 선택하는 게 나한테 합리적이다, 이익이다 생각해서 그걸 선택했다고 보여지거든요. 아, 여기서 좀만 더 타협하면 좀 더 올라갈 수 있는데, 좀만 더하면 연수도 갈 수 있고 특파원도 갈 수 있는데. 어떤 선배는 내가 그 자리에 1명이라도 더 있는 게…….

개발한 논리겠죠. 저는 전혀 진심으로 느껴지지 않거든요. 아니면 그 자리에서 뭔가 (저항을) 했다는 것을 증명해 보이든가. 아무것도 없이 '내가 기사 토씨 조금 바꿨어. 부장한테 이런 얘기 했어. 이게 우리 뉴스를 위해 훨씬 낫지 않겠니?' 무슨 말장난도 아니고……. 그래서 그런 분들에 대한 분노는 좀 더 갈수록 커지고 있는 것 같아요.

(M24 인터뷰)

잉여와 도구

그렇다면 M24가 지목한 그룹에 속한다고 볼 수 있는 기자들은 어떻게 생각하고 있을까? 이들이 그동안 왜 보도국 내에서 저항을 유예했고 어떤 논리로 그런 스스로를 정당화했는지는 3장에서 검토했으므로 더 들어가진 않으려 한다. 여기서 들여다볼 것은 따로 있다. 과연 이들은 최순실 게이트 이후의 정국과 그 사건을 보도하는 MBC 뉴스를 보며 어떤 생각을 했는지, 저항의 필요성을 느꼈는지, 느꼈는데 망설였다면 왜 그랬는지 등이다.

사실은 최순실 때 내가…… ○○○(*출입처)에 짱박혀 있으면서 회피하고 있었지. 분노했지만 적극적으로 표출하거나 그러지 않았는데, 요즘에 선배들한테 그런 얘기를 들어. 너희들 보도국에 허리가 되는 애들이 작년 11월 그렇게 망가지고 있을 때 왜 들고 일어나지 않았냐. 그래서 내가 죄송하다 그랬어. 사실은 그렇게 했어야 맞는데. ○○○ 선배 글로 표출이 되긴 했지만 그 이상의 액션을 더 했어도 됐을 거라 생각되는데. 내가 회피했다는 부끄러움 같은 게 생기더라고.

Q. 그게 안 된 이유가 뭘까요?

그게 사실은 되게 본질적인 문제인데, 내가 그 당시의 생각을 너한테 풀어 봐 줄게. 어차피 나는 재들(*파업 참가한 동료들)이 생각하

기엔 ○○○도 하고 ○○○(*특정 간부)하고 친하고 꿀 빨아먹은
놈이야. 그런데 내가 여기서 들고 일어나 가지고 머리에 띠 두르
고 우리 같이 쳐들어갑시다 하면, 그 사람들이 나를 어떻게 볼까?

Q. 기회주의적이라고 볼 수 있다?

그렇지. 어. 그런 거에 대한 어떤…… 머쓱하다는 차원을 뛰어넘
는 고민이었지. 이런 거야. 아 그냥 아 씨. 짱박혀 있다가 어차피 나
는 부역자라면 부역자인데, 뉴스 망가지는 데 일조한 거잖아. 난 어
차피 지금 소위 말하는 적폐, 청산 대상일 텐데 그때 청산되면 되지
뭐. 여기 나서서 내가 뭘해? 이런 생각이 되게 많아. 나뿐만 아니고.

Q. 그래도 그때 언제 한번 집회 오시지 않았나?

나도 얼마나 어색했냐. 진짜 그때는 회사를 오는데 오만 가지 생
각이 다 드는 거야. 왜냐면 내가 1년 반 가까이 안 보던 동료들을
만나야 되고. 보도국 밖에 나간 사람들도 만나야 되고. 나를 보는
사람들, 시선들 어떨까 하는 두려움도 있고. 과연 여기서 뭘 한다
는 게 내가 이 사람들한테…….
사실 난 정말 그때 문제라고 생각했어. 뉴스가 (시청률) 2.8퍼센트
가 뭐니. 그럼 과연, 나는 분노할 자격이 없니? 나도 분노할 자격

잉여와 도구

이 있다. 누가 뭐라든 간에. 나한테 분노할 자격이 없다고 하는 건 잘못된 거라고 생각했어. 그래서 용기 있게 간 거야.

그러고 나중에 들은 얘기가 있어. '너 집회 갔었다며? 후배들 수근 대는 애들 있어.' 그때 그런 말 듣고 위축되긴 했어. 내가 분노할 수 있다고 생각하지만 그거에 대해서 다른 사람의 시선이나 나를 보는 시각을 의식하지 않을 수 없잖아. 용기를 내고 싶은데, 내가 그 이상을 뭘 더 한다는 거에 대한……. 성격의 문제 같기도 해. 나는 어떻게 보면 약간 온순한 편에 속하잖아.

(M26 인터뷰)

수치심과 분노가
충돌한다

M26의 말을 들으면서 그의 마음속에서 충돌하고 있는 두 가지 감정이 느껴졌다. 적극적으로 저항하지 못했고 그 결과 보도국에 있으면서 '당근'을 누렸다는 것에서 오는 수치심, 그리고 현재의 '망가진' MBC 뉴스를 목도하면서 느끼지 않을 수 없는 분노가 그것이다. 수치심과 분노가 충돌하는 것이다. 그래서 수시로 인식과 실천 사이에서 모순이 발생한다. 수치심 때문에 분노할 자격도 없다고 생각하다가도, 왜 분노할 수 없는가 하면서 수치심을 누르기도 한다.

그러나 2012년 이후 적지 않은 시간이 흘러서인지, M26의 마음속에서 충돌하는 감정 가운데 더 큰 것은 아무래도 수치심처럼 보였다. 분노가 수치심을 누르는 경험보다 수치심으로 분노를 덮는 경험이 자주 그의 언어 속에서 관찰되었다. 함께 보도국 안에 남아 있는 사람들끼리 이야기한다면 '어떻게 뉴스를 그렇게 할 수가 있느냐'는 분노를 앞세울 수 있지만, 보도국 밖으로 배제된 사람들까지 다 섞인 상황에 직면하면 '나 같은 부역자가 뭘 하겠나' 하며 수치심의 감정을 훨씬 크게 느끼는 것이다.

Q. 타인의 시선을 의식하지 않고 봤을 때, 오늘 인터뷰에서 스스로 부역자라는 표현을 여러 번 쓰셨는데, 진짜 그렇게 생각하시는지?

난 아니라고 생각해. 난 투사도 아냐. 난 그냥 ○○○(이)야(*자신의 이름). 내 손에 가슴 없고……. 잘못한 것 있겠지. 모르겠어. 그다지 나의 기사나 이런 걸로 양심에 거리낀다고 생각하는 게 없는……. 모르겠어, 많지는 않은 것 같아. 나는 정말 있잖아……. 어떻게 보면 난 소극적인 회피주의자지. 문제는, 근데, 이런 거지. 나만 소극적으로 피한다고 MBC의 문제가 개선되는 게 아니잖아. 거기에 대한 반성을 좀 하긴 했지. 나만 떳떳하다고 생각하면 뭐해 이미 개판 됐는데. 과연 그럼 (앞으로) 어떻게 할 거냐…….

(M26 인터뷰)

파업에 참가했던 기자가 이런 심리 상태를 느낀다면, 파업 불참자 또는 파업 이후 입사한 시용·경력 기자들의 경우는 분노와 수치심의 관계에서 수치심 쪽으로 더 기울어져 있을 수밖에 없을 것이다. 시용 기자인 M27의 이야기에서 실제로 그런 경향을 확인할 수 있었다.

Q. 최순실 사건 때 기자들이 글도 올리고 피케팅하고 그랬는데, 그런 활동에 대해선 어떻게 받아들여졌나요? 막내기자들 징계라든가.

저도 회사의 그런 기사들을 보면서 좀 분노하긴 했죠. 너무했다…… 내가 봤을 때는 최순실 사태가 너무 정권에 대해 큰 실망감을 주는 사건인데. 저는 보수적인 성격의 사람이라고 생각하는데도 너무 끔찍한 일이라고 생각을 하는데. 거기에 대해서 회사가 왜곡해서 쓰도록 그런 기사들이 많이 나왔잖아요. 이 기산 잘못됐어라고 생각했어요.

하지만 제 위치에서는…… 나서서 할 용기도 없고 그러고 싶지도 않고. 점심시간 나갈 때마다 피케팅하고 계신 분들 보면 저한테 손가락질하는 것 같아서 좀 무섭다는 생각은 들어요. 위축되고, 나는 부역자구나…….

Q. 막내기자들 징계 건 같은 거는요?

징계위에 올라왔다 이런 얘긴 들었었는데…… 저도 모르게 제가
외면을 하고 있는 거죠. 저도 보고 싶지 않은 거죠. 어떻게 보면 아
까도 말했듯이 제가 그런 상황에 직면하거나 놓여질 때마다 나는
모종의, 회사의 비겁한 부역자 같은 사람이 되는 건데, 그럴 때마
다 나의 자존감이 낮아지고 그러는데 그런 걸 굳이 내가 대면하면
서…… 죄책감 같은 것도 없지 않아 있죠. 그러니까 관심을 가질
수록 정신 건강에 해롭다…….

외면하고 싶은 거죠. 그게 더 큰 것 같아요. 그런 것에 관심을 갖지
않아도 회사를 다닐 수 있다는 걸 깨달은 것 같아요.

(M27 인터뷰)

넘어설 수
있을까

    김장겸 경영진에 결정적인 타격을 가할 수 있는, 더 강도 높은 실천
을 조직하기 위해서는 잉여적 기자들과 도구적 기자들이 각자의 취약
성을 넘어 자신감과 연대감을 회복할 필요가 있다. 2012년 당시보다
더 힘든 싸움이 될 수도 있으므로 마음가짐은 그때보다 더 단단해야
하고 실천의 강도 역시 그때보다 높을 수 있다고 각오해야 하는 상황
이다.

지난 5년간 비인격적 인사관리 속에 자신과 서로의 취약한 민낯을 목격한 기자들은 거기서 형성된 골을 메우는 것을 어려워하고 있다. 누구나 마음속에 양가적이고 모순된 감정을 갖고 있는데, 자신의 내면에서 화해시키지 못하는 모습이었다. 지난 시절 각자가 직면한 삶을 살아내기 위해 분투하던 과정에서 좁혀 버린 예각을, 상황이 달라졌음에도 둔각으로 넓히지 못하는 모습이다. 그리고 그 예각에, 타자는 물론이고 자기 자신도 여전히 찔리고 있다.

　이 책에서는 주로 기자들을 위주로 살펴봤지만 전체적으로 2012년 파업 이후 MBC 구성원들의 몸에 체화된 취약성, 그들의 표현을 빌면 '겁, 벽, 나약함, 상처' 같은 것이 여전히 그들 가운데 존재하고 있다. 이는 최순실 게이트로 시작된 한국 사회의 혁명적 변화를 목도하면서도 그들이 한동안 '머뭇거린' 이유이기도 하다. 어쨌든 각자의 상황에 적응해 살면서 보다 큰 저항을 유예하고 살아왔는데, 갑자기 세상 바뀌는 분위기라고 해서 우르르 몰려나오는 행위 자체가 어색하기도 하고 두렵기도 하고 경우에 따라선 <u>무임승차</u>처럼 느껴지는 측면이 있었던 것이다.
　비유하자면 '분노'의 엔진에 시동이 걸리긴 했는데, '수치심'과 '두려움'의 브레이크가 여전히 작동하는 모양새인 것이다. 그 결과는 공회전이었다.

최순실 사태 때는 완곡하게는 표현했어요. 뭔가 하긴 해야 된다. 동기들한테.

Q. 그럼 반대하는 의견도 있었나요?

아까랑 비슷한 논리죠. 이때껏 안 하다가 지금 하는 게 무슨 의미가 있냐.

Q. 약간 무임승차한다는 뻘줌함 같은 거 아니었을까요?

무임승차도 못하는 게 바보죠. (웃음) 무임승차도 못했잖아요.

(M24 인터뷰)

그러나 이들이 저항의 강도를 높여 지금도 MBC를 지배하고 있는 체제를 근본적으로 해체하기 위해서는 이러한 취약성을 넘어서야 한다는 생각이 든다.

어떻게 할 수 있을까? 개별적 차원에서의 넘어서기와 공동체적 차원에서의 넘어서기가 필요해 보인다. 개별적 차원에서는 분노의 힘으로 수치심을 다스려야 한다. 지난 시절 저항을 유예하고 때로는 체제에 순응하며 살아온 날들에 대해 수치심을 느끼고 있다고 해서 분노할 자격이 없는 것은 아니다. 각자의 인간적 취약함 탓에 갖게 된 수

잉여와 도구

치심으로 체제에 대한 분노를 끝까지 억누를 필요는 없는 것이다.

좀 더 솔직히 말하자면 사실 이 차원의 이야기는 '잉여'보다는 '도구'로 호명됐던 기자들에게 해당되는 이야기다. 앞서 살폈듯 잉여적 주체들 역시 일정 부분 수치심을 갖고 있지만 이들은 기본적으로 경영진을 향해 저항하고 갈등하다 쫓겨났다는 존재론적 특징을 갖고 있기 때문에 도구적 주체들에 비해 윤리적으로 떳떳함을 느끼고 있다. 저항의 국면이 왔을 때 저항을 결단하는 것에 익숙함을 느끼고 있기도 하다. 반면 도구적 주체들은 결과적으로 경영진의 도구화되기를 수용하고 -정도의 차이는 있지만- 그에 따른 반대급부를 누린 측면이 있기 때문에 상대적으로 수치심을 크게 느낀다.

이런 수치심은 복합적 측면에서 저항을 주저하게 한다. 가령 인터뷰를 위한 사전 작업 도중 여러 통로로 전해 들은 바에 의하면, 적지 않은 시용·경력 기자를 포함해 상당수의 기자들이 고민하고 있다고 한다. 김장겸 체제에 대한 협력을 거부하고 기자협회 및 노조의 저항에 함께해야 하는 것 아닌가 하고 말이다. 그러나 대체로는 "단물 다 빨아 놓고 이제 와서 무슨…….", "그냥 세상 바뀌면 한직(閑職) 가겠다" 같은 생각으로 고개를 절레절레 흔들어 버리는 경우가 많다고 한다.

그러나 결국에는 결단해야 하는 것 아닐까? 현 체제가 옳다고 생각한다면 그럴 필요 없을 것이다. 그러나 지난 몇 년간 MBC가 보여 온 저널리즘에 동의할 수 없다면, 포섭·배제·격리를 특징으로 하는 가학적 인사관리에 동의할 수 없다면, 그것에 공영방송의 미래를 맡길 수 없다고 생각한다면, 언젠가는 결단해야 한다. 계속해서 자신의 실천을 '유예'하기만 한다면 그 실천은 더 이상 유예라는 말로도 설명될 수 없기 때문이다. 영구적인 유예는 '포기'의 또 다른 표현일 뿐이며, 그것은 궁극적으로 현 체제를 지속시키는 에너지로 작동할 수밖에 없다.

개별적 결단 이후에는 공동체적 차원에서의 넘어서기가 필요하다. 아무리 개인 차원에서 결단을 내린다 하더라도 앞서 살폈듯 개인들은 본질적으로 취약하다. 약한 개인이 취약성의 고리를 끊어내고 저항의 강도를 극대화하기 위해서는 타자와 연대해야 한다. 나의 약함과 수치심을 성찰, 고백하고 체제를 향한 분노의 마음을 모아야 한다. 오랜 기간 이들은 '다 꼴 보기 싫고 내 삶이나 챙기자' 같은 마음으로 자신과 주변에만 집중하면서 이질적으로 느껴지는 존재는 차단하는 방식의 실천으로 버텨 왔다. 그러나 이제는 이질적인 타자에게도 말을 걸어야 하지 않을까? 그 '이질적 타자'가 자신의 수치심을 성찰하고 고백하고 있다면 말이다. 그 이질적 타자가 마음을 열고 있다면 말이다.

1,875일 만에 다시 저항의 국면에 직면한 MBC 구성원들은 이 두 가지 벽을 넘어설 수 있을까? 물론 공영방송 문제를 해결하기 위해서는 경영진의 퇴진, 지배구조 개선, 해직자 복직 등에 대한 사회적이고 제도적인 공론화가 반드시 필요하다. 그러나 이런 문제들은 MBC의 개별 구성원들이 결정할 수 있는 문제가 아니다. 사회적으로 이런 의제가 논의되도록 촉구할 수는 있지만, 결정할 권한은 이들에게 없다.

잉여와 도구

현 상황에서 이들이 결정할 수 있는 문제는 이것이다.

지난 시절 체화된 취약성을 극복하고 개별적 차원에서 분노의 힘으로 수치심을 다스릴 수 있을 것인가, 그리고 공동체적 차원에서 이질적 타자에게 말을 걸고 연대할 수 있을 것인가.

닫는 글

산산조각 난 시대를 지나며[76]

아주 예전부터 나에게 허락된 인생이 단 한 번뿐이라는 사실이 왠지 모르게 비극으로 느껴졌다. 여러 번 살 수만 있다면, 아주 주류처럼도 살고, 또 아주 비주류처럼도 살아 보고, 권세와 쾌락 이기심을 추구하면서 살고, 신앙과 윤리, 이타심의 원칙을 지키며 살고……. 여러 번이 안 된다면 최소한 두 번은 살 수 있으면 좋겠다 생각했다. 그러면 한 번은 내가 살고 싶은 대로, 다른 한 번은 남이 살아 보라는 대로 살 수 있지 않은가.

허황된 생각이다. 내 삶은 단 한 번뿐이다. 이 삶이 언제 끝날지도 알 수 없다. 평균수명 통계가 있긴 하지만 그것이 내 삶에 적용되리라

---

76 2017년 6월 서강대학원 신문 141호에 기고한 '전능한 주체와 무기력한 주체, 그리고 파상(破傷)의 힘'이라는 제목의 글을 이 책의 맥락에 맞춰 다시 정리한 것이다.

잉여와 도구

는 보장은 없다. 100년을 갈 수도 있지만 당장 내일 끝날 수도 있는 것이, 예측 불가능한 것이 삶이기 때문이다.

그런 불만은 있었지만 그럭저럭 내 삶은 연속성을 가지고 흘러왔다. 한국이라는 나라에서 태어나 제도권 교육 과정을 마쳤다. 21세기 초반에 대학을 졸업하고 언론사에 입사했다. 사회부, 정치부, 스포츠 취재부 등을 거치며 10여 년을 보냈다. 흐름에 몸을 맡기기만 했던 것은 아니었다. 순간순간 물꼬를 트고 물길을 잡는 선택은 내가 내렸다. 때때로 목표를 세웠고 그것을 이루기 위해 진력했다. 목표를 이루지 못했다면 왜 그랬는지 성찰하고 다시 새로운 목표를 기획했다.

그렇게 앞으로도 살아갈 작정이었다. 다양한 분야에 풍부한 취재 경험을 쌓으며 유능한 기자가 되고 싶었다. 권력에 불편부당하고 낮은 자들에겐 친절한 뉴스를 만드는 데 기여하고 싶었다. 그렇게 삶에서 의미를 만들고, 이야기를 만들고, 그 의미와 이야기의 주체가 되고자 했다. 그것이 한 번밖에 살 수 없는 삶에 대해 내가 가진 태도였다. 그래야 후회가 남지 않을 것 같았다. 살아 있기 때문에 살아가는 삶이 아니라, 살아가기 위해 살아 있는 삶이고 싶었다.

2012년이 변곡점이었다. 그해 이후 내가 저널리스트로서 그려가던 서사는 사실상 해체되었다. 170일간 벌어진 그 파업 이후 많은 것이 변했다. 기자로서 나의 서사는 내 의지와 관계없이 종료되었다. 그 종료가 일시적인 것인지 영구적인 것인지도 알 수 없었다. 2017년 지금까지 현재진행형이라는 사실만이 명백할 뿐이다.

나만의 문제도 아니었다. 좋은 기자, 좋은 뉴스라는 비슷한 꿈을 함께 꾸고 그렸던 선후배와 동료 상당수가 유사한 처지에 놓이게 되었다. 더 이상 MBC에서 우리가 추구하는 좋은 뉴스를 만들 수 없었다. 그렇게 나와 우리를 파괴하고 MBC를 장악한 이들이 생산해 낸 뉴스는 우리가 지향하던 뉴스와 전혀 달랐다. 전혀 권력을 향해 불편부당하지 않았고 낮은 자들을 향해 친절하지 않았다. 오히려 그 반대에 가까웠다. 그것은 뉴스가 아니었다.

그래서 말했다. 그리고 썼다. 수동적으로 지시를 수용하기보다 최대한 교섭하고자 했고, 안 되면 사내 게시판에 문제제기를 하는 글을 썼다. 성명서를 썼다. 피케팅을 했다. 구호를 외쳤다. 기자회견을 했다.

아무것도 바뀌지 않았다. 말과 글은 아무런 힘이 없었다. 오히려 역공을 불러 말하고 쓰던 이들이 보복당했다. 징계를 받고 뉴스의 외부로 배제됐다. 말하거나 쓰지 않은 이들은 이 광경을 보며 분노했지만 동시에 위축됐다. 말과 글이 힘이 없음을 확인했기 때문이다. 당연히 더 강한 행동에 나설 수도 없었다. '패배한 파업'의 후폭풍이 남긴 두려움 때문이었다.

더 이상 성찰할 수 없었다. 문제 상황을 이해하고 우리의 언어로 인식하는 작업이 무의미하게 느껴졌다. 성찰해서 어떤 깨달음을 얻는다

한들 그 깨달음이 가진 힘이 없었기 때문이었다. 오히려 냉소와 절망만 깊어질 뿐이었다. 기획도 할 수 없었다. 말과 글의 힘을 상실한 상태에서 어떤 기획을 한들 그 기획이 우리의 문제 상황을 변화시킬 리는 만무하다고 생각했기 때문이다. 성찰도 기획도 할 수 없는 상태, 이것은 '파산'을 의미했다. 좋은 기자, 좋은 뉴스를 향해 흘러가던 나와 우리의 꿈은 멈추었다. 그 이야기의 주인공으로서 더 좋은 이야기를 상상하고 그려가던 나와 우리의 서사가 파산한 것이다.

나와 우리는 지난 몇 년 사이 너무도 극과 극의 주체를 경험해야 했다. 최소한 파업 이전까지만 해도 우리는 MBC 내에서 모든 것을 할 수 있다고 느낀 것 같다. 사주가 없는 공영방송, 그러면서도 정부가 직접 지분을 갖지 않은 공영방송이라는 지배 구조 속에서 우리는 저마다 독특한 주인의식을 가지고 일했다. 그것이 MBC였다. 어느 기업이든 사장은 나름의 지배적 아우라를 갖고 있지만 우리는 사장을 월급 사장이라고 불렀고 사장이 가진 존재감을 체감하지 않았다. 그러나 2012년 이후 모든 것이 해체되면서 우리는 새로운 주체가 된 현실을 절감했다. 할 수 있는 것은 적은데 할 수 없는 것은 명확한 주체, 어떤 것도 할 수 없는 주체였다. 잉여와 도구라는 이름이란 사실 '아무것도 할 수 없음'을 의미하는 것과 다르지 않았다. 그렇게 우리는 모든 것을 할 수 있을 것 같던 전능한 주체와 아무것도 할 수 없을 것 같은 무기력한 주체를 경험했다.

전능한 주체였던 시절 나와 우리는 '뭔가를 하지 않으면 근질근질한' 체질을 갖고 있었다. 마음속에 그린 아이템과 기획안이 방송물로 만들어지고 그것이 사회적 파장을 일으키는 선순환을 자주 목격했다. 투쟁 역시 마찬가지였다. 한 기자가 보도국 게시판에 실명으로 글을 올리면 보도국 전체가 술렁이던 시절이 있었다. 그런 분위기 속에서 우리는 뭔가를 해야만 했고 하지 않으면 불안했다.

그러나 무기력한 주체가 된 우리는 '뭔가를 하는 것이 불안해졌다'. 해도 안 되기 때문에 무기력하고, 나아가 이것을 했다간 지금 가진 것마저 잃고 끝장날 수 있다는 공포 때문에 불안했다. 전능하게 느꼈던 우리 뉴스, 우리 직업, 우리 선배, 우리 노조가 한순간에 허물어지는 것을 목격했기 때문이다. 뭔가를 하는 게 두려웠다. 탄핵된 구 권력과 새롭게 등장한 신 권력, 그리고 사회 곳곳에 변화의 물결이 이는 것 같은 현실을 보면서도 뭔가 새로운 행동에 나서는 것이 한동안 두려웠다.

전능했던 주체였기에 남 탓을 할 수 없었다. 우리가 패배한 것은 우리의 탓이다. 또 전능했던 주체였기에 우리의 구원을 타자에게 부탁할 수도 없었다. 우리가 다시 살아나기 위해서는 우리가 일어서야 했다. 그러나 더 이상 우리는 전능한 주체가 아니었다. 오히려 그 반대로 아무것도 할 수 없는 주체였다. 그렇기에 나와 우리에겐 '외부'가 없었다. 이건 네 탓이라고 귀책사유를 돌릴 만한 외부가 없었다. 또 제발

잉여와 도구

우리를 구원해 달라고 눈물로 기원할 만한 대상 역시 없었다. 외부를 탓하고 외부에 구원을 위탁하는 우리 스스로를 여전히 수치스럽게 느끼는데, 외부를 탓하고 외부에 구원을 위탁하지 않고서는 이 무력한 주체를 탈피할 수도 없었다. 어떻게 이토록 지독한 모순이 있을까?

엄기호(2016)의 관찰을 빌리면 '외부'가 없는 주체에게 가능한 선택은 숨는 것뿐이다. 그의 표현대로 아무것도 하지 않고 알처럼 웅크리거나 누에고치로 들어가는 것만이 유일한 길이다.[77] 그렇게 숨어서 바깥을 내다보는 것이다. 나와 우리는 그렇게 숨어 있었다. 각자에게 허용된 공간에 최대한 숨은 채 아무것도 하지 않았다. 내 주변에서 벌어지는 일들에 최대한 일희일비하지 않으려 노력하고 애써 스스로의 감정을 탈각화했다. 때로는 그냥 회사일 뿐인 MBC에 그동안 너무 내 인생을 쏟아부었다며 이젠 회사는 회사고 나는 나라고 생각하자 다짐했다. 조금이라도 불편한 이질적 주체는 차단하고 내 편이라고 생각되는 소수와의 밀도를 끌어올렸다.

그런 것 외엔 할 수 있는 것도 해야 할 것도 없었다. 그러다 보니 살아가기 위해 살아 있는 게 아니라, 살아 있기 때문에 살아가는 삶이 되고 말았다. 이것이 극과 극의 모순된 주체를 오간 사람들이 지난 몇 년의 시대를 버텨낸 방법이었다.

다시 새로운 국면을 맞이한다. 9년 전 내심 전능한 주체로 보수정

---

77 엄기호, 2016, 『나는 세상을 리셋하고 싶습니다』, 창비.

권의 시대를 직면했던 나와 우리는 이제 고갈되고 메마른 무기력한 주체가 되어 새로운 정권의 시대를 맞이하고 있다. 이 시대를 열기 위해 한국 시민들은 초유의 국정농단 사건과 대통령 탄핵, 조기 대선이라는 누구도 예상 못한 길을 헤쳐 나왔다. 어떤 힘이 시대를 밀고 온 것인가. 새로운 사회를 꿈꾸는 상상력인가? 그 상상을 구체화하는 기획력인가?

김홍중(2016)의 개념을 빌리면 나는 이 시대를 밀고 온 힘이 파상력(破像力)에 가깝다고 생각한다. 파상이란 기왕의 가치와 열망의 체계들이 충격적으로 와해되는 체험이다.[78] 바로 나의 체험이었다. 좋은 기자, 좋은 뉴스에 대해 갖고 있던 기왕의 가치와 열망의 체계가 산산조각 난 체험을 했다. 한국 사회의 체험이기도 했다. 세월호 참사부터 용산 참사, 한진중공업…… 가깝게는 구의역 김 군과 최순실 게이트에 이르기까지 몇년간 우리는 국가공동체와 민주주의, 안전, 한 인간의 존엄 등이 파상된 체험을 일상화해 왔고 그 파상된 조각, 깨진 꿈을 끌어안은 채 버텨 왔다.

파상력이란 그런 '버팀'이 만들어 내는 힘이다. 김홍중의 말대로 파상의 시대는 대안이 명확하게 드러나지 않은 상황에서 과거의 꿈과 경험이 자신의 한계를 드러내며 문제화되는 시기다. 이런 파상의 시대에서 우리는 각자의 기획을 실천하는 '행위자'라기보다는 깨져나가

---

78 김홍중, 2016, 『사회학적 파상력』, 문학동네.

는 어떤 것을 경험하는 '겪는 자'에 가깝다. 행위에 힘이 있듯이, 경험 또한 힘이 있다. 그 힘은 깨진 꿈과 아직 오지 않은 꿈 사이에 펼쳐진 이 지독한 가위눌림과 환멸과 모순을 있는 그대로 겪는 힘, 그리고 희망의 근거를 그 파편들 속에서 찾아내려는 자세다.[79]

어쩌면 나와 우리가 2012년 이후를 살아오면서 체화했던 '저항의 유예'라는 실천 양식 또한 이런 맥락에서 해석 가능한지도 모른다. 어떤 동료는 올해 초 발표한 내 논문을 보고 자신의 페이스북에 이렇게 쓰기도 했다.

저항의 유예라는 개념은 우리의 사정을 잘 모르는 외부인들의 오해를 불러올 소지가 있다. 저항을 유예했다가 호기가 오면 다시 저항을 개시하겠다는 기회주의적 태도로. 우리가 언제 저항을 유예한 적이 있던가? 끊임없이 저항해 왔고 되풀이하듯 질식당하고 그래도 다시 목소리를 내고……. 그게 지난 다섯 해가 아니었을까?

나 역시 그동안 우리가 해 왔던 행위들에서 이런 징후를 읽기도 한다. 어떤 시선으로 보면 비겁하게 보이기도 하고 여러모로 아쉬운 실천들이었지만, 또 어떤 시선으로 보면 그것은 지배 이데올로기가 강제하는 정체성과 통제를 체화하지 않기 위한 버팀이자 몸부림이기도 했기 때문이다.

---

79 같은 책.

나는 두 시선 모두를 긍정하기로 했다. 용기가 없었다고 자성하면
서도, 동시에 나의 버팀이 가진 힘을 긍정하기로 했다. 비참한 현실을
바꾸기 위한 기획과 행위만큼이나, 비참한 현실을 겪고 버텨 온 것이
가진 힘을 인정하기로 했다. 그런 차원에서 지난 시대 저마다 파상의
조각을 끌어안고 버텨 온 내 자신과 동료들에게 따뜻한 위로를 전하
고 싶다. 그리고 그 힘으로 각자의 수치심과 분노 사이에서 망설이고
있는 타자에게도 말을 걸고 싶다. 그런 실천들이 모일 때 '버팀'과 '겪
음'의 힘은 기어이 나와 우리의 삶의 무대 어딘가에서 끓어올라 새로
운 길을 뚫을 것으로 기대한다.

이미 MBC에서 그 길은 시작된 것 아닐까? 이 글을 마무리하고 있
는 2017년 8월 현재 MBC는 95.7퍼센트의 투표율, 93.2퍼센트의 찬
성률로 총파업을 가결하고 5년 만에, 1,875일 만에 총파업을 앞두고
있다. 마침내 분노로 수치심을 다스리겠다고 결단하며 '유예'를 완전
히 해제한 구성원들의 결단이 제작거부의 형태로 시사교양, 보도, 아
나운서, 편성, 라디오 부문 등에서 진행되고 있다. 책이 출판될 쯤이면
MBC는 완전한 총파업 국면에 돌입해 있을 것이다. 산산조각 난 시대
에서 지독한 가위눌림을 겪은 주체들이 깨어나고 있다. 더 이상 그 악
몽 속에 머물고 싶지 않다고 하나둘씩 선언하고 있다. 그동안 쌓아 왔
던 수치심의 벽, 타자를 향해 쌓아 올린 벽을 넘어서려는 모습들이 관
찰되고 있다.

기대감을 가지고 MBC의 현실에 동참한다. 프란츠 파농이 민족해

방전쟁에 참여하며 던진 질문을 새겨 본다. "흑인은 무엇을 원하는 가?" 그의 해답은 백인에게 폭력을 돌려주거나 독립을 쟁취하는 것 자체에 머물지 않았다. 그가 궁극적으로 원한 것은 흑인에게 인간성을 돌려주는 것이었다.[80] 유선영(2017)은 식민지배의 역사를 겪은 주체들이 식민주의의 모욕과 폭력에 의해 너덜너덜해진 자신의 인간성을 복원할 때 탈식민의 과제는 비로소 완료된다고 했다. MBC 역시 마찬가지다. 2012년을 전후로 MBC를 장악한 권력의 지배를 종식시키고, 그 권력에 의해 파괴된 인간성, 파괴된 주체, 파괴된 관계, 파괴된 전문직주의 아비투스를 복원하는 그날이 공영방송의 자리 찾기가 비로소 완료되는 날일 것이다.

---

80 유선영, 2017, 『식민지 트라우마』, 푸른역사.

참고자료_

전국언론노조 문화방송본부 노보 http://mbcunion.or.kr

미디어오늘 http://www.mediatoday.co.kr

MBC 공식블로그 M톡 http://blog.mbc.co.kr

한국기자협회 http://www.journalist.or.kr

방송기자연합회 http://reportplus.kr

PD저널 http://www.pdjournal.com

김재용·심석태·윤태진·정필모 외, 2014, 『방송뉴스 바로 하기: 저널리즘의 7가
　　지 문제와 점검 목록』, 컬처북.

김찬호, 2016, 『모멸감: 굴욕과 존엄의 감정사회학』, 문학과지성사.

김태형, 2016, 『불안증폭사회: 벼랑 끝 한국인의 새로운 희망 찾기』, 위즈덤하우스.

김홍중, 2016, 『사회학적 파상력』, 문학동네.

노성철·정선욱, 2016, "Post-strike Abusive HR Processes and its implication
　　in Professional Organization", 『한국 인사·조직학회 발표 논문집』 제1권,
　　1-28면.

마르크스, 칼(Marx, Karl), 2006, 『1844년의 경제학: 철학 수고』, 강유원 옮김, 이
　　론과실천.

바우만, 지그문트(Bauman, Zygmunt), 2008, 『쓰레기가 되는 삶들: 모더니티와 그
　　추방자들』, 정일준 옮김, 새물결.

박성제, 2014, 『어쩌다 보니 그러다 보니』, 푸른숲.

박형신·정수남, 2013, "고도 경쟁 사회 노동자의 감정과 행위양식", 『사회와 이
　　론』 23: 205-252면.

아감벤, 조르조(Agamben, Giorgio), 2008, 『호모 사케르: 주권 권력과 벌거벗은 생명』, 박진우 옮김, 새물결.

엄기호, 2014, 『단속사회: 쉴 새 없이 단속하고 끊임없이 차단한다』, 창비.

엄기호, 2016, 『나는 세상을 리셋하고 싶습니다』, 창비.

울프, 헬레나(Wulff, Helena), 2000, "Access to a closed world: methods for a multilocale study on ballet as a career," In V. Amit(Ed.), *Constructing the Field: Ethnographic Fieldwork in the Contemporary World*. London and New york: Routledge.

유선영, 2017, 『식민지 트라우마』, 푸른역사.

최태섭, 2013, 『잉여사회』, 웅진지식하우스.

억압된 저널리즘의 현장 MBC를 기록하다

잉여와 도구

초판 인쇄 2017년 9월 11일   초판 발행 2017년 9월 15일

지은이 임명현
편집 문형숙
디자인 김현진
인쇄제책 (주)아이엠피
종이 NPAPER
펴낸이 천정한   펴낸곳 도서출판 정한책방   출판등록 2014년 11월 6일   제2015-000105호
주소 서울 마포구 모래내로7길 38 서원빌딩 301-5호
전화 070-7724-4005   팩스 02-6971-8784
블로그 http://blog.naver.com/junghanbooks   이메일 junghanbooks@naver.com

ISBN 979-11-87685-17-3 (03330)

이 도서의 국립중앙도서관 출판예정도서목록(CIP)은
서지정보유통지원시스템 홈페이지(http://seoji.nl.go.kr)와
국가자료공동목록시스템(http://www.nl.go.kr/kolisnet)에서 이용할 수 있습니다.
(CIP제어번호: CIP2017022944)